L'ENCYCLOPÉDIE DE
Jésus

L'ENCYCLOPÉDIE DE Jésus

LOIS ROCK

ÉDITIONS DU SIGNE

Texte: Lois Rock
Illustrations : Peter Dennis (© 2005)
(sauf mention contraire)

Édition originale :
A Lion Children's Book
an imprint of
Lion Hudson plc
Mayfield House, 256 Banbury Road,
Oxford OX2 7DH, England
www.lionhudson.com
ISBN 0 7459 4573 2

Traduction : Wendy PRADELS,

Adaptation : Joëlle BERNHARD

Texte bibliques : TOB, © Éditions du Cerf, 1975

ISBN : 2-7568-1629-6

Imprimé en Chine

Crédits photographiques

h=haut, b=bas, c=centre, g=gauche, d=droite

David Alexander: pp. 11h/c (British Museum), 16h/c/b, 17hd/cd, 30g, 31g, 32g, 33h, 36d, 48, 55d, 69b, 77b, 81b, 83hd, 94g, 98h, 101h, 114.
Jon Arnold Images: p. 101b.
Bodleian Library, University of Oxford: pp. 8hd/c/bd, 9d (ms. auct. t. inf. 1. 10, folios 80v, 23v, 118v, 178v).
The British Library: p. 9g.
British Museum: pp. 10, 72h.
Lion Hudson: pp. 76d; 14d, 17bd, 31g, 32g, 34g, 45bd, 46h, 51hg, 68bd, 70h, 73b, 74b, 83g, 84h, 95d, 96g, 112b/David Townsend; 19b, 25b, 27hd, 29h, 31d, 35d, 45hg, 56 (all), 59bd, 62g, 63c/b, 64, 69d, 76h, 87hg/bd, 101c, 106g/John Williams.
Jerry Irwin: p. 57d. Copyright © Jerry Irwin. Used by permission of Good Books (www.goodbks.com). All rights reserved.
John Rylands University Library of Manchester: p. 8hg.
Rex Nicholls: pp. 7bc, 11bd, 12g, 13d, 19h, 20g, 36g, 39h, 46bg, 53, 58b, 67h, 71b, 81h/c, 82g, 83bd, 89h, 93b, 102.
Photo Oikoumene/World Council of Churches: pp. 85cd/bd, 120–21.
Zev Radovan, Jerusalem: p. 46bd.
Lois Rock: pp. 54g, 66h, 74h, 77hd, 90g, 98bg, 99h.
Nick Rous: p. 60.
Derek West: cartes pp. 7h, 17, 68bg, 112h, 115.

Iconographie : Zooid Pictures Limited.

Alamy: p. 79d/Jeremy Hoare.
AKG - Images: pp. 6 and 87hd/Pirozzi, 24b, 27b/Cameraphoto, 51hd and 88/Erich Lessing, 95g, 100h, 113h, 117.
Art Directors & Trip Photo Library: p. 108g/David Butcher.
Bridgeman Art Library: pp. 65b, 76g.
British Museum: p. 63td/Zooid Pictures.
Corbis UK Ltd: pp. 23b/Archivo Iconografico, S.A., 33b/Alain Nogues/Sygma, 43/Hans Georg Roth, 45hd/Reza Sygma, 61cd/Hanan Isachar, 75b/Araldo de Luca, 91/Bettmann, 92/Richard T. Nowitz, 97h/John Garrett, 107d/Dave Bartruff, 111h/The Barnes Foundation, Merion Station, Pennsylvania, 120g/Joel Sartore.
Edifice: p. 7d.
PA Photos: p. 89b/Johnny Green.
Rex Features: p. 41b/Paul Felix.
Zev Radovan, Jerusalem: pp. 14g, 38g, 59bc.

Table des matières

1 Présentation de Jésus 6
2 Comment connaissons-nous Jésus ? 8
3 Le peuple juif 10
4 La foi juive à l'époque de Jésus 12
5 La foi juive 14
6 L'endroit où vécut Jésus 16
7 L'annonce de Jésus : le récit de Marc 18
8 L'annonce de Jésus : le récit de Jean 20
9 L'annonce de Jésus : le récit de Matthieu 22
10 L'annonce de Jésus : le récit de Luc 24
11 La suite du récit de Luc 26
12 Jésus se rend au Temple 28
13 Le « nouveau départ » de Jésus 30
14 Le nouveau message de Jésus 32
15 À Capharnaüm 34
16 Les fidèles et les disciples 36
17 Les miracles 38
18 Miracles de guérison 40
19 Les miracles et la loi 42
20 Une nourriture miraculeuse 44
21 L'apaisement de la mer 46
22 L'appel de la mort à la vie 48
23 Lazare 50
24 Jésus et son enseignement 52
25 Ceux qui entendent et qui mettent en pratique 54
26 Un Royaume où tous sont égaux 56
27 Les riches et le Royaume 58
28 La prière 60
29 Comment prier ? 62
30 L'enseignement de Jésus sur la droiture 64
31 Qui est mon prochain ? 66
32 Quelques rencontres de Jésus 68
33 D'autres rencontres de Jésus 70
34 L'accueil de Dieu 72
35 Qui est Jésus ? 74
36 Jésus se décrit lui-même 76
37 Le début de la fin 78
38 Jésus et le Temple 80
39 Le complot contre Jésus 82
40 Les dernières consignes de Jésus 84
41 Jésus et le repas de la Pâque juive 86
42 La Cène : le récit de Jean 88
43 Jésus est arrêté 90
44 Jésus au tribunal 92
45 Jésus et Pilate 94
46 Le chemin vers la mort 96
47 Jésus est crucifié 98
48 L'ensevelissement de Jésus 100
49 Tôt le matin 102
50 Jérusalem et Galilée 104
51 Jésus fait ses adieux 106
52 L'Esprit Saint 108
53 La communauté de Jérusalem 110
54 Au-delà de Jérusalem 112
55 Jésus apparaît à Saul 114
56 Une vision de Jésus 116
57 Jésus et l'Église 118
58 Jésus dans le monde aujourd'hui 120
Index et Tables 122

1 Présentation de Jésus

Consulte les sources

Le nom de Jésus et son arbre généalogique :
Matthieu 1, Luc 1-2

Les dirigeants romains à l'époque de Jésus :
Matthieu 2, 14, 27 ; Marc 6, 15 ; Luc 1, 2, 3, 9, 23 ; Jean 18, 19

Le Christ

Le titre « Christ », souvent attribué à Jésus, vient d'un mot grec. Lorsque la nouvelle à propos de Jésus s'est répandue au-delà du pays où Jésus était né, la langue commune à beaucoup de nations était le grec. Le mot « Christ » est la traduction d'un mot hébreu que le peuple de Jésus utilisait pour désigner le « messie », et les chrétiens affirment que Jésus est le Messie.

Une des premières images de Jésus, peinte un peu plus de trois cents ans après sa mort.

Jésus est le personnage central d'une des religions les plus répandues dans le monde, le christianisme. On appelle ceux qui croient en Jésus « chrétiens. »

Les termes « christianisme » et « chrétien » viennent du mot « Christ », le titre le plus souvent associé au nom de Jésus : « Jésus-Christ ». Ce titre signifie « celui qui est oint ». L'onction est une cérémonie par laquelle on établit les rois. En utilisant le mot « christ », ceux qui croient en Jésus affirment qu'il est roi.

Jésus a vécu sur terre il y a environ deux mille ans. Il appartenait à un peuple qui se considérait comme le peuple choisi par Dieu. Il s'appelait auparavant « peuple d'Israël », mais à l'époque de Jésus on disait souvent « les Juifs ». Jésus a vécu sur la terre que son peuple avait habitée depuis des centaines d'années et qui se trouvait sur la côte Est de la Méditerranée. À l'époque de Jésus cette terre faisait partie de l'Empire romain.

L'illustration représente des villageois qui fuient devant l'arrivée des troupes romaines qui passent par la Galilée. Le peuple devait obéir à tous les ordres des Romains. Par exemple, un soldat de la garde romaine pouvait obliger un passant à porter son lourd paquetage sur plus d'un kilomètre.

À l'époque de Jésus l'Empire romain comprenait de nombreux pays autour de la Méditerranée. L'empereur régnait depuis Rome, la capitale. Des gouverneurs étaient désignés pour administrer les régions. Au moment de la naissance de Jésus, un demi-juif, du nom d'Hérode, avait été nommé roi à Jérusalem par les Romains. Des années plus tard, quand Jésus fut crucifié, Ponce Pilate administrait la région.

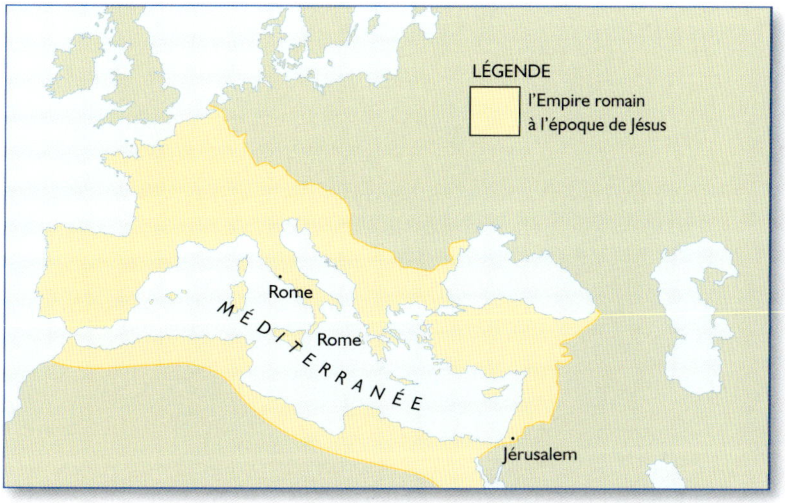

Mais Jésus n'a jamais été couronné roi. De son vivant, certains de ses disciples espéraient qu'il tenterait de prendre le pouvoir des mains de ceux qui gouvernaient le pays, mais Jésus n'était pas un homme de guerre. Il était célèbre pour ses enseignements et sa prédication sur Dieu dans les villages et les hameaux de Galilée et, plus loin, à Jérusalem.

Son enseignement attirait surtout les pauvres et les exclus ; cependant son message contrariait les dirigeants religieux et beaucoup d'entre eux craignaient que son enseignement ne soit erroné et que sa popularité ne finisse par représenter un danger. À la fin, leur colère est devenue telle qu'ils ont essayé de le faire tuer.

Mais ses disciples ont continué à répandre son enseignement. Ce qu'ils ont dit de lui a mis en marche un nouveau mouvement, d'abord parmi les Juifs, et ensuite parmi les non-Juifs, qu'on appelait les gentils.

Ce mouvement est le début du christianisme, une foi qui a transformé en grande partie l'histoire des deux derniers millénaires et qui s'est répandue à travers le monde entier.

L'empereur romain Auguste César, portant son plastron de cuirasse militaire. Il a régné pendant la première moitié de la vie de Jésus.

Le calendrier occidental

La foi chrétienne, inspirée par Jésus, a eu une grande influence tout au long de l'histoire. Pendant les premiers quinze siècles cette influence était particulièrement importante dans les pays européens – à tel point que le calendrier occidental compte encore les années à partir de la naissance de Jésus.

On voit parfois les lettres « AD » devant le chiffre de l'année dans le calendrier occidental. Ces lettres sont l'abréviation des mots latins « Anno Domini », ce qui veut dire, « l'an du Seigneur », c'est à dire, Jésus Christ. Dans les textes modernes les abréviations « av. J.-C. » ou « ap. J.-C. », placées après le chiffre de l'année, indiquent que l'année est antérieure ou postérieure à la naissance de Jésus.

D'autres croyances et d'autres cultures possèdent leur propre calendrier, mais le calendrier occidental est utilisé à travers le monde.

L'abréviation « AD » devant le chiffre d'une année est un rappel du lien entre le christianisme et le calendrier occidental. Cette inscription se trouve dans une chapelle du Pays de Galles.

2 Comment connaissons-nous Jésus ?

Consulte les sources

Comment connaissons-nous Jésus ?
Luc 1 ; Jean 20, 21

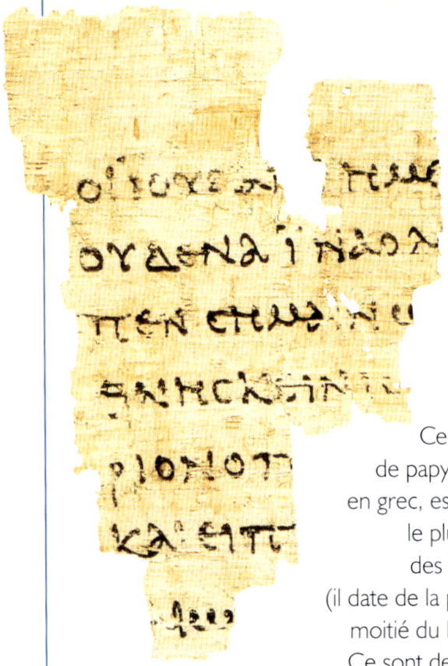

Ce fragment de papyrus, écrit en grec, est le texte le plus ancien des Évangiles (il date de la première moitié du IIe siècle). Ce sont des versets de l'Évangile de Jean.

Les Évangiles et les évangélistes

Les livres de Matthieu, Marc, Luc et Jean s'appellent des Évangiles. Ils font partie de la Bible chrétienne. Ce sont les quatre premiers livres de la partie appelée « Nouveau Testament » par les chrétiens.

Le mot « évangile » vient du mot grec qui signifie « bonne nouvelle ». Les auteurs des Évangiles sont souvent appelés les évangélistes.

La nouvelle se propageait, ce que disait et faisait Jésus émerveillait son entourage qui ne pouvait s'empêcher d'en parler. Lorsque Jésus a quitté ce monde, ses disciples sont allés le raconter à ceux qu'ils croisaient dans les rues et les marchés et tout autre endroit où les gens se rassemblaient. Au fil du temps, les disciples de Jésus ont mis par écrit ce qu'ils savaient, et certains de leurs écrits existent encore. Les chrétiens considèrent les récits de la vie de Jésus comme les plus importants de ces textes.

Marc

On pense que l'un des disciples de Jésus aurait commencé à mettre par écrit l'histoire de sa vie peu de temps après sa mort. Le récit le plus ancien serait l'Évangile de Marc. Les traditions anciennes rapportent que son auteur est Jean Marc, celui qui a voyagé avec un groupe de disciples pour apporter le message dans plusieurs pays à travers l'Empire romain.

Marc.

Matthieu et Luc

Matthieu.

Il existe deux autres récits appelés Matthieu et Luc. Les auteurs racontent de nombreux événements qui se trouvent chez Marc – et parfois avec des mots identiques. Beaucoup de spécialistes pensent qu'ils se sont inspirés du récit de Marc. Matthieu et Luc racontent également d'autres événements qui présentent des similitudes. Certains chercheurs pensent qu'ils se seraient inspirés d'une autre collection de récits, qu'on appelle « Q » et qui n'existe plus.

Mais Matthieu et Luc fournissent aussi quelques textes qui se trouvent uniquement dans leurs récits respectifs. De plus, Luc a rédigé un second livre qui raconte ce qu'ont fait les disciples après la mort de Jésus. Il s'agit des Actes des Apôtres.

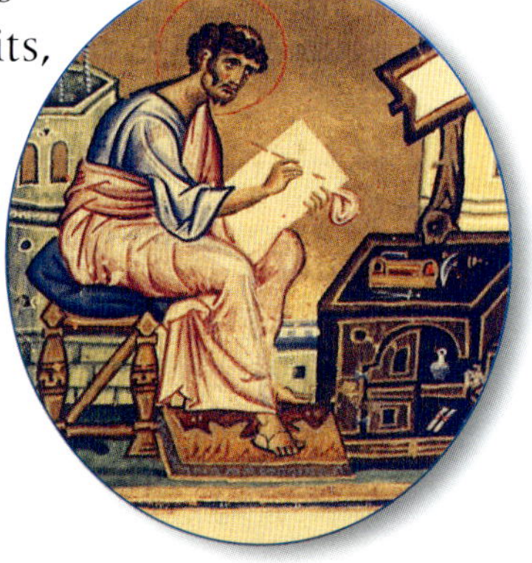

Luc.

Jean

Il existe encore un autre récit important, très différent des autres. C'est celui de Jean. Une tradition ancienne dit que Jean, un des disciples de Jésus pendant les trois ans de son enseignement et de sa prédication, est à l'origine de ce récit.

Jean dictant son Évangile.

Les « Évangiles de Lindisfarne » font partie des nombreux trésors de la foi chrétienne. Cette copie de la Vulgate décorée de dessins et de lettres en or a été réalisée par des moines qui vivaient sur l'île de Lindisfarne, au nord-est des côtes anglaises.

✠ Une bonne nouvelle pour tous les peuples

Écrits d'abord en grec, les Évangiles, comme les autres livres de la Bible, furent traduits rapidement dans d'autres langues, afin que tous les Chrétiens, quelque soit leur origine, puissent découvrir par eux-même les récits de Jésus.

Une des traductions les plus anciennes est en copte, une forme d'égyptien ancien. La Bible copte est encore utilisée dans les églises coptes du nord-ouest de l'Afrique.

Il existe également une traduction syriaque. Cette langue est très proche de l'araméen, la langue parlée vraisemblablement par Jésus. La traduction syriaque, appelée la Peshitta, est encore utilisée par des Chrétiens en Syrie, en Iran et en Inde. Elle est utilisée également par l'un des groupes chrétiens qui s'occupe de l'Église du Saint Sépulcre à Jérusalem, où de nombreux Chrétiens du monde entier se rassemblent pour l'entendre à haute voix. Ils ont ainsi l'occasion d'entendre les paroles de Jésus sous une forme très proche des mots qu'il aurait utilisés.

Lorsque le christianisme est devenu la religion officielle de l'Empire romain en 312, le besoin d'une traduction fiable de la Bible en latin s'est fait sentir de manière plus pressante. Un moine nommé Jérôme a entrepris cette tâche en 384. Sa traduction, que l'on appelle la Vulgate, fut la version la plus importante de la Bible dans les églises occidentales pendant un millénaire. Aux environs du Ve ou VIe siècle fut achevé une traduction en vieux slavon qui est devenue la Bible officielle de l'Église Russe Orthodoxe dans les pays de l'Est.

Au Moyen Âge, les moines européens ont fait preuve de leur dévotion à la Bible en produisant des copies richement ornées, le plus souvent de la Vulgate. Recopier la Bible à la main était un travail de longue haleine, et parfois ils se contentaient de copier les Évangiles.

Jusqu'à aujourd'hui, les chrétiens qui sont partis dans le monde entier pour partager leur foi, se contentent souvent de traduire uniquement les Évangiles dans la langue locale. Ces quatre récits tiennent dans un petit livre qui peut ainsi être vendu ou distribué gratuitement ou à moindre frais.

Pourquoi écrire la vie de Jésus ?

Les disciples de Jésus avaient plusieurs raisons de vouloir mettre par écrit ce qu'ils savaient de lui :

- Ceux qui avaient connu Jésus vieillissaient ; il était important de s'assurer que leurs récits ne seraient pas oubliés.
- Le message se propageait rapidement ; les récits, mis par écrit pouvaient être facilement apportés aux nouvelles communautés de chrétiens.
- Les écrits pouvaient se lire en secret. Pendant les premiers temps cela représentait un avantage considérable, car il était illégal d'être chrétien.

Jésus dans l'histoire

Il existe d'autres écrits anciens qui parlent de Jésus. Ils représentent des preuves importantes de l'existence de Jésus, de ses nombreux disciples et de sa mise à mort sur ordre du gouverneur provincial romain, Ponce Pilate. Une histoire juive rédigée par un historien appelé Flavius Josèphe peu de temps après la vie terrestre de Jésus nous dit ceci :

Dans ces temps-là, apparut Jésus, un homme sage, car il faisait des œuvres étonnantes. Et il s'est fait une suite nombreuse. Et quand Pilate, à cause d'une accusation faite par nos dirigeants, l'a condamné à la croix, ceux qui l'avaient aimé n'ont pas cessé de l'aimer. Et jusqu'à ce jour, la tribu des chrétiens, nommés d'après lui, ne s'est pas éteinte.

Antiquités 18, 63-64

3 Le peuple juif

Consulte les sources

Le peuple juif :
Les Écritures juives, l'Ancien Testament

Qui est Dieu ?
Psaume 115

Les Écritures

Les Écritures juives racontent les grandes alliances que Dieu a faites avec le peuple juif, en particulier celles qu'il a conclues avec Abraham et Moïse. Un autre terme qui signifie « alliance » est « testament ». Les chrétiens appellent les Écritures juives l'Ancien Testament. Celui-ci forme la première partie de la Bible chrétienne.

Les chrétiens croient que Jésus, par sa mort, a établi une nouvelle alliance entre Dieu et les hommes. C'est pourquoi ils appellent la collection d'écrits qui parlent de Jésus et de ses disciples le Nouveau Testament, qui est la deuxième partie de la Bible chrétienne.

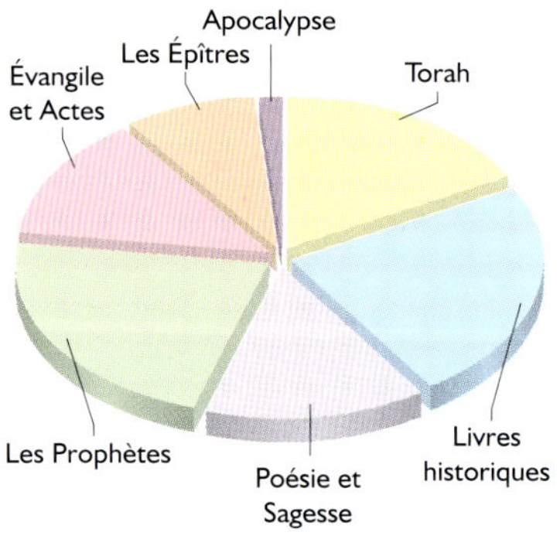

Ce schéma montre la proportion des différents types de littérature dans la Bible. Les Évangiles, les Actes, les Épîtres et l'Apocalypse appartiennent au Nouveau Testament, tandis que les autres forment l'Ancien Testament.

Jésus était issu du peuple juif. Les Écritures des Juifs révèlent leur confiance grandissante en leur Dieu qui prendrait soin d'eux.

Le peuple d'Israël

Les Juifs font remonter l'origine de leur peuple à un personnage appelé Abraham. Les récits le concernant se situent à l'Âge de Bronze, peut-être jusqu'à deux mille ans avant Jésus. Les écritures disent que Dieu avait conclu une alliance avec Abraham : Dieu allait lui donner une terre où ses descendants deviendraient une grande nation. Son peuple devait respecter Dieu, et Dieu prendrait soin d'eux et, à travers eux, donnerait sa bénédiction au monde entier. Cet accord fut transmis aux descendants d'Abraham, et notamment à son petit-fils, Jacob, qui fut renommé Israël.

Cette fresque ancienne se trouve dans un tombeau en Égypte ; elle montre une tribu de marchands sémitiques – des gens du même groupe ethnique qu'Abraham et ses descendants. Les personnages dans les récits bibliques de cette époque portaient probablement ce même style de vêtements bariolés et aux couleurs vives.

La Loi de Moïse

Des centaines d'années passèrent. À cette époque, le peuple d'Israël était devenu esclave en Égypte. Dieu a choisi quelqu'un pour le secourir : Moïse chargé de les conduire vers leur ancienne patrie. Les premiers récits du peuple d'Israël et la Loi de Moïse se trouvent dans les cinq livres connus sous le nom générique de « Torah ».

Les rois

Sur cette nouvelle terre, le peuple lutta pour rester libre face à ses ennemis. Dieu les aida finalement à choisir des rois pour conduire le peuple vers la liberté. Les deux premiers rois, Saül et David, libérèrent le pays. Le troisième, Salomon, lui donna puissance et richesse. C'est lui qui construisit le premier Temple dans la ville de Jérusalem, que David avait conquise.

Les livres historiques de l'Ancien Testament nous racontent l'histoire de ces rois. C'est à l'époque de Salomon que les livres poétiques et ceux de la Sagesse furent rédigés, notamment le livre des Psaumes, chantés pendant les cultes dans le Temple.

Cette fresque réalisée par les Assyriens en 701 avant J-C, représente la défaite de le ville de Lachish (l'une des villes de Judée située dans le sud du royaume). Les Israélites n'avaient pas pour habitude de se représenter en peinture, parce qu'ils pensaient que les lois de Dieu l'interdisaient. Nous avons donc ici, une des rares représentations d'un événement biblique.

Les prophètes

Après le règne de Salomon, le royaume se divisa en deux, le Nord et le Sud. Au nord, le peuple ne resta pas fidèle à Dieu, malgré les avertissements des prophètes. Après plusieurs siècles le pays fut détruit par les Assyriens.

Au sud, dans la région de Jérusalem, le peuple, demeuré plus fidèle avait, lui aussi, des prophètes pour le guider. Il survécut aux guerres assyriennes, mais plus tard, il connut la défaite face aux Babyloniens. Le Temple fut détruit et un grand nombre d'habitants fut déporté à Babylone. Les livres des prophètes nous fournissent un commentaire de ces événements.

Au moment où les Israélites se sentaient menacés par les Assyriens, un roi, du nom de Jehu offrit de somptueux cadeaux à l'empereur Shalmaneser. Cette fresque représente Jéhu faisant une profonde révérence.

L'espoir d'un nouveau roi

Les prophètes prononcèrent également des mots d'espérance : ils croyaient qu'un jour Dieu leur enverrait un nouveau roi – un Messie, comme David – pour les secourir.

Lorsque les Babyloniens furent conquis par les Perses, les Juifs eurent le droit de rentrer chez eux et de construire un nouveau Temple. Ils commencèrent à étudier les écritures avec un enthousiasme renouvelé. Lorsque leur pays fut conquis par les Grecs puis les Romains, leur espoir d'un Messie avait grandi.

Qui est Dieu ?

Les Chrétiens et les Juifs croient au même Dieu ; celui dont parle l'Ancien Testament est aussi le Dieu de Jésus qui était juif.

Voici quelques mots du psautier – le livre de cantiques de l'Ancien Testament – qui parlent de Dieu, le créateur du ciel et de la terre, le seul vrai Dieu.

Non pas à nous, Seigneur, non pas
à nous, mais à ton nom rends gloire,
pour ta fidélité, pour ta loyauté.

Fils d'Israël ! comptez sur le Seigneur.
– leur aide et leur bouclier, c'est lui !

Vous qui craignez le Seigneur !
comptez sur le Seigneur.
– leur aide et leur bouclier, c'est lui !

Le Seigneur se souvient de nous ;
il bénira : il bénira la maison d'Israël,
il bénira la maison d'Aaron.

Il bénira ceux qui craignent le Seigneur, les petits comme les grands.

Soyez bénis par le Seigneur,
l'auteur des cieux et de la terre.

Psaume 115, 1.9.11-13.15

Des instruments de musique tels que ceux-ci furent utilisés pour accompagner le chant des Psaumes dans le Temple. La musique était souvent bruyante et exubérante.

4 La foi juive à l'époque de Jésus

Consulte les sources

Le Temple :
Exode 25-27, 30, 33, 35-40 ;
1 Rois 5-8 ; 2 Rois 25

La Pâque :
Exode 12 ; Lévitique 23 ; Nombres 28 ;
Deutéronome 16

L'histoire du Temple

Le plan du Temple était conforme aux instructions que Dieu avait données à Moïse. Lors du retour des Hébreux vers la terre qu'il leur avait promise, Dieu leur demanda de dresser un sanctuaire, appelé tabernacle.

À l'époque de Jésus la pratique religieuse des Juifs était régie par des rituels très stricts.

Le Temple

Les cérémonies religieuses se déroulaient au Temple de Jérusalem. Le roi Salomon avait utilisé le plan donné par Dieu à Moïse pour construire le premier Temple à Jérusalem. Ce Temple fut détruit lors de l'invasion des armées de Babylone,

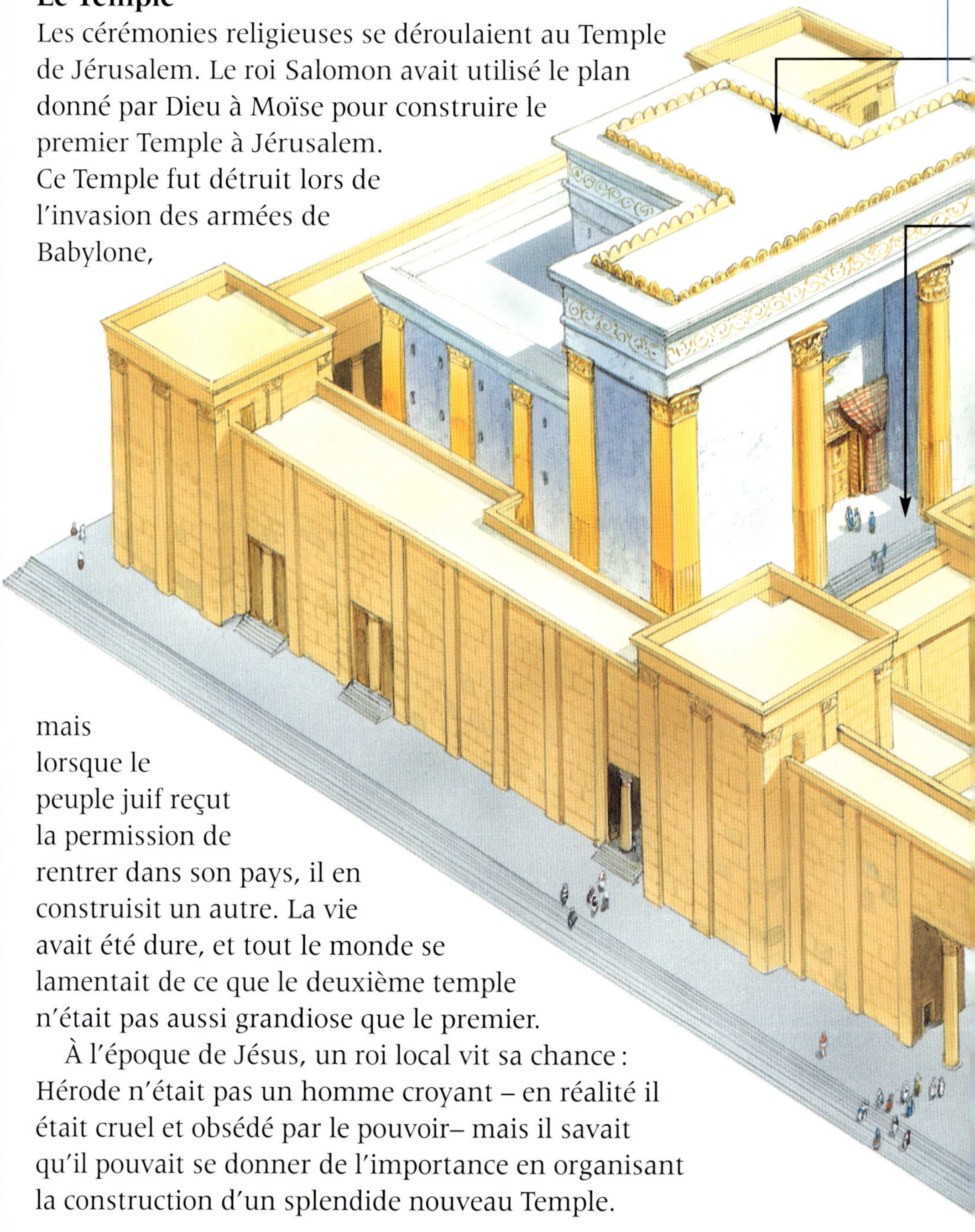

mais lorsque le peuple juif reçut la permission de rentrer dans son pays, il en construisit un autre. La vie avait été dure, et tout le monde se lamentait de ce que le deuxième temple n'était pas aussi grandiose que le premier.

À l'époque de Jésus, un roi local vit sa chance : Hérode n'était pas un homme croyant – en réalité il était cruel et obsédé par le pouvoir– mais il savait qu'il pouvait se donner de l'importance en organisant la construction d'un splendide nouveau Temple.

Le culte du Temple

Au Temple, les prêtres se chargeaient du culte. Chaque jour ils gardaient les lampes allumées et faisaient brûler de l'encens parfumé. D'autres officiants, appelés des Lévites, s'occupaient de l'administration du Temple : ils s'assuraient que les pèlerins pouvaient acheter les animaux dont ils avaient besoin pour offrir des sacrifices et changer leur argent local en pièces spéciales dont ils avaient besoin pour payer l'impôt au Temple.

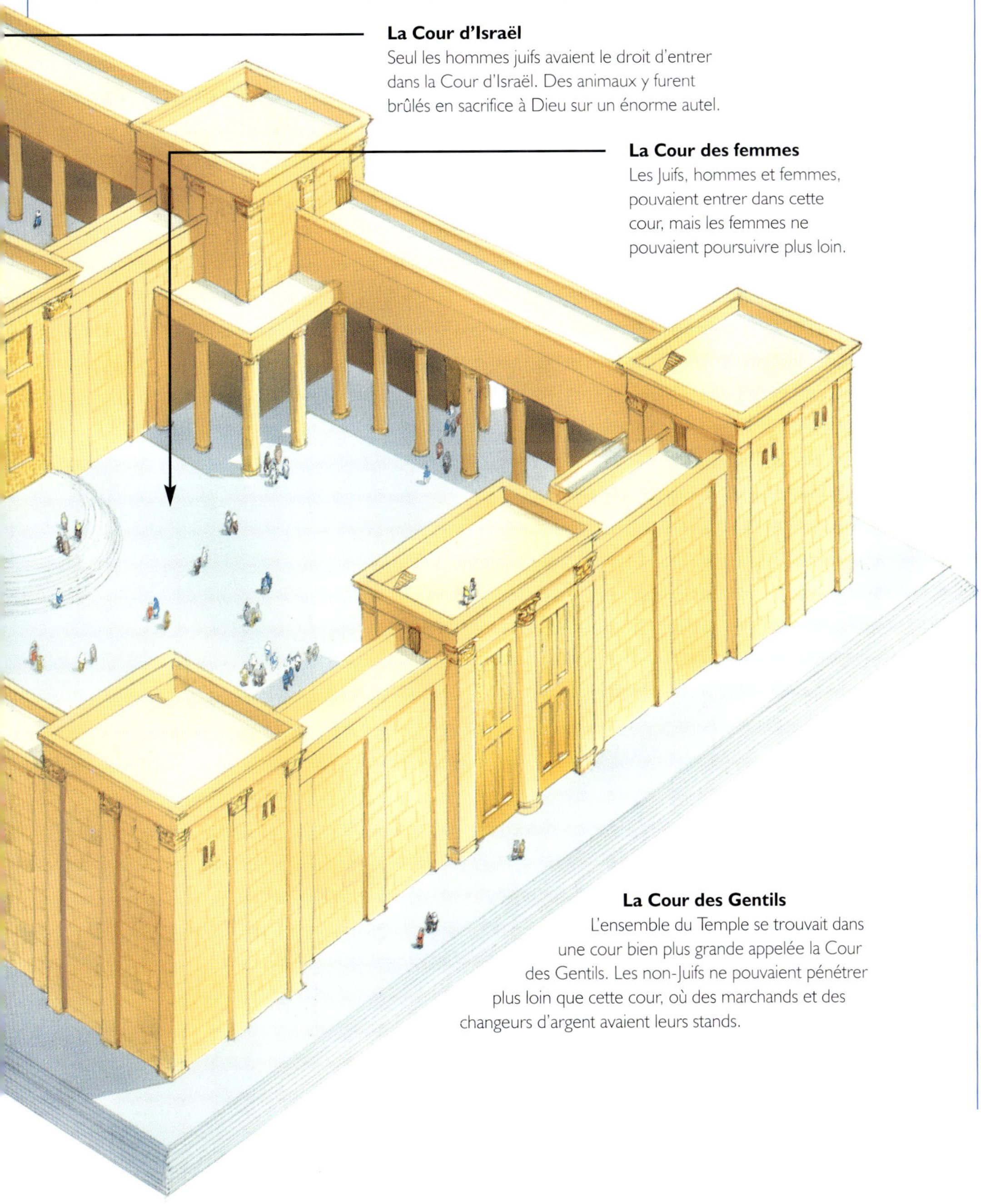

La Chambre sacrée
Les prêtres avaient le droit de pénétrer jusqu'à la Chambre sacrée du sanctuaire dans ce bâtiment. Au fond, voilé par un rideau de tissus somptueux, se trouvait le Saint des Saints. Cette pièce sombre était réservée à l'arche d'alliance – le coffre contenant la Loi de Dieu – bien que celui qui avait été construit pour le Temple de Salomon ait été détruit dans les guerres plusieurs siècles auparavant.

La Cour d'Israël
Seul les hommes juifs avaient le droit d'entrer dans la Cour d'Israël. Des animaux y furent brûlés en sacrifice à Dieu sur un énorme autel.

La Cour des femmes
Les Juifs, hommes et femmes, pouvaient entrer dans cette cour, mais les femmes ne pouvaient poursuivre plus loin.

La Cour des Gentils
L'ensemble du Temple se trouvait dans une cour bien plus grande appelée la Cour des Gentils. Les non-Juifs ne pouvaient pénétrer plus loin que cette cour, où des marchands et des changeurs d'argent avaient leurs stands.

Le repas de la Pâque à l'époque de Jésus comportait du rôti d'agneau et du pain sans levure, semblable au repas pris la nuit de la première Pâque.

La Pâque

La Pâque était la fête la plus importante de l'année juive. Elle commémore la nuit où Dieu permit à Moïse de conduire son peuple hors d'Égypte, vers la liberté. Les prêtres du Temple organisaient des cérémonies spéciales pour célébrer l'événement.

Lors de la première Pâque, Dieu ordonna au peuple d'Israël de préparer un repas spécial et de marquer leurs maisons avec le sang d'un agneau. Dans la nuit, l'ange de la mort épargna leurs maisons, tandis que dans celles des égyptiens, qui n'étaient pas marquées, tous les premiers-nés moururent. Accablés par leur chagrin et dominés par la peur, les Égyptiens laissèrent partir les Israëlites.

Le rêve de tout Juif fidèle était de se rendre à Jérusalem pour la Pâque.

5 La foi juive

Consulte les sources

Jésus dans les synagogues :
Matthieu 4, 9, 12, 13 ; Marc 1, 3, 6 ; Luc 4, 6, 13 ; Jean 6

Un fragment très ancien des écritures, écrit en hébreu.

Garder la foi

Depuis l'époque de l'exil, la foi juive était de plus en plus liée à la connaissance et à la compréhension des écritures. L'habitude fut prise de les recopier fidèlement avec la plus grande attention accordée aux détails.

Cette photo montre une partie du rouleau d'Isaïe, retrouvé à Qumram près de la Mer Morte. Il date d'environ 100 av. J.-C. Grâce au soin des scribes qui copiaient ce qu'ils affirmaient être la parole de Dieu, le texte est quasi identique à celui que l'on trouve dans les copies plus récentes des écritures.

À l'époque de Jésus, les Juifs se rassemblaient régulièrement dans leurs communautés pour louer Dieu et pour mieux comprendre comment il convenait de se comporter en tant que peuple de Dieu.

La synagogue et les écritures

Des siècles avant l'époque de Jésus, lorsque les Babyloniens avaient détruit le Temple et porté le peuple en exil, une nouvelle forme de culte se développa. Les Juifs commencèrent à se réunir le jour de leur repos hebdomadaire, le sabbat.

À la même époque les scribes, des hommes instruits, se mirent à compiler et organiser les écritures – à la fois les écritures les plus anciennes qui racontaient la vie de Moïse et l'histoire du peuple juif, et les plus récentes, rédigées par des sages, des poètes et les disciples des prophètes.

Dans les lieux de réunion, appelés synagogues, on lisait les écritures à haute voix. Tous les hommes juifs devaient participer à cette lecture. Puis des enseignants, appelés rabbins, expliquaient au peuple la signification des textes.

Les ruines sur cette photo sont les restes d'un édifice à Gamla, près de la Galilée. Les experts s'accordent pour dire que l'édifice était probablement une synagogue qui fut détruite peu de temps après la mort de Jésus, lorsque les Romains écrasèrent une rébellion juive. Il est fort possible que Jésus ait pu se rendre dans cette synagogue pour prêcher.

À l'époque de Jésus, même les petites communautés avaient leurs propres synagogues, rabbins et autres officiants.

L'office du sabbat

Les synagogues étaient conçues comme de simples lieux de réunion, remplis cependant de rappels au Temple. Dans ce dernier, la chambre la plus reculée – le Saint des Saints – avait été voilée par un rideau. À l'intérieur se trouvait l'arche d'alliance, dans laquelle était conservée une copie des lois sur lesquelles l'alliance était fondée. Dans la synagogue, il y avait également un endroit voilé par un rideau, derrière lequel se trouvait un meuble – « l'arche » - dans lequel les rouleaux de la loi étaient conservés. À la différence du Saint des Saints, ces rouleaux n'étaient pas considérés comme intouchables ; au contraire, ils devaient être lus et compris.

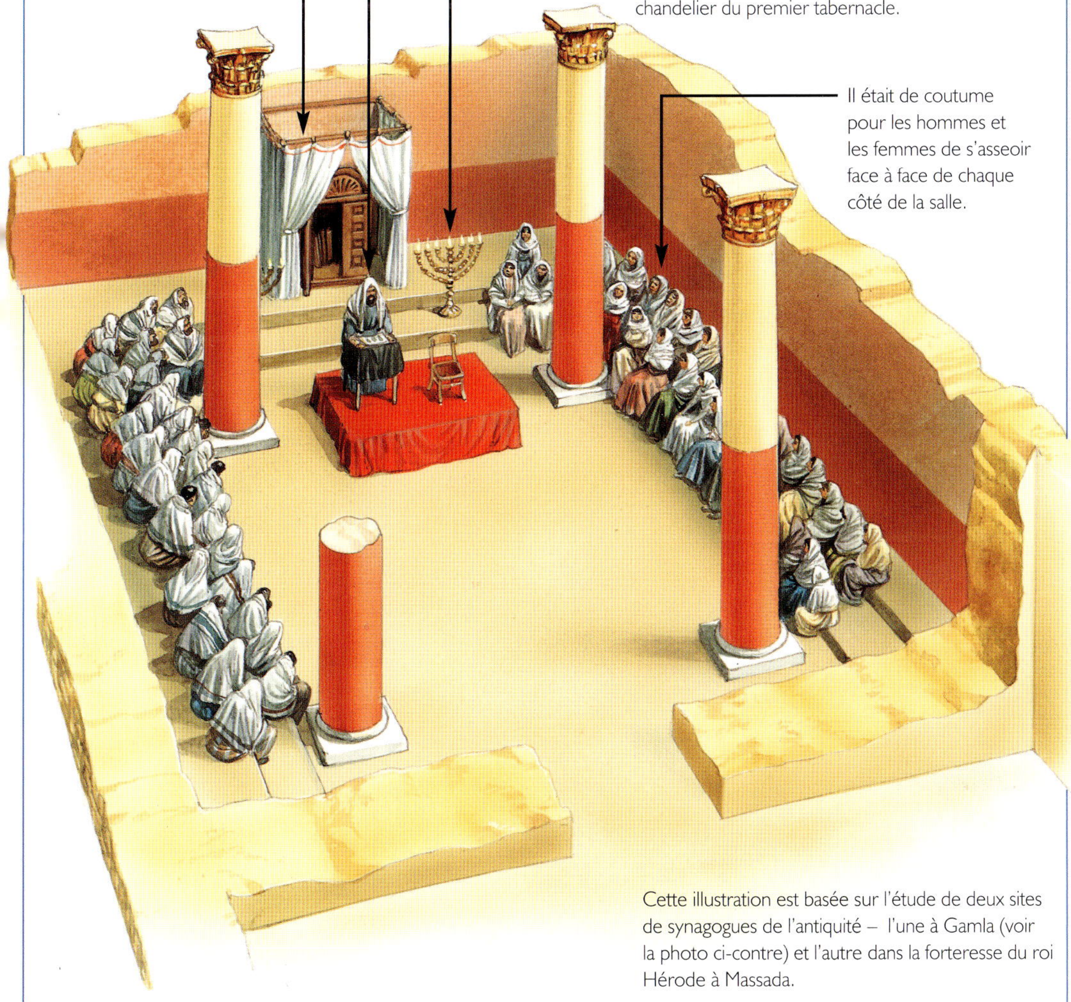

Cette illustration est basée sur l'étude de deux sites de synagogues de l'antiquité – l'une à Gamla (voir la photo ci-contre) et l'autre dans la forteresse du roi Hérode à Massada.

Pendant la semaine les garçons pouvaient aller à l'école de la synagogue où le rabbin leur apprenait à lire les écritures.

Les groupes religieux

Il y avait deux groupes religieux importants à l'époque de Jésus.

Les **Sadducéens** étaient en général des prêtres, issus de familles riches. Ils interprétaient la loi de Moïse à la lettre et ne s'attendaient pas à d'autres révélations de la part de Dieu. Ils formaient le groupe le plus puissant au sein du conseil religieux à Jérusalem. Ce conseil s'appelait le Sanhédrin.

Les **Pharisiens** comptaient de nombreux scribes, qui œuvraient à conserver les écritures. Ils cherchaient à expliquer les lois anciennes en détaillant ce qu'il convenait de faire dans chaque circonstance de la vie. Ils étudiaient également les livres des prophètes. Ils croyaient que les écritures contenaient la promesse de Dieu d'envoyer un roi, le Messie pour rétablir Israël en tant que nation. La plupart des rabbins locaux étaient des Pharisiens.

6 L'endroit où vécut Jésus

Consulte les sources

Jésus et Nazareth en Galilée :
Matthieu 2, 4 ; Marc 1 ; Luc 2, 4 ; Jean 1, 7

Jésus et Jérusalem :
Matthieu 20, 21, 23 ; Marc 10, 11 ; Luc 2, 4, 13, 19 ; Jean 2, 5, 10, 12

Jésus et Bethléem :
Matthieu 2 ; Luc 2 ; Jean 7

Au désert :
Matthieu 3, 4 ; Marc 1 ; Luc 3, 4, 10

La rivière Jourdain traverse les marécages au nord de la Galilée.

La ville de Jérusalem, située sur une colline, était une forteresse naturelle, établie par le grand roi des Juifs, David, des centaines d'années auparavant. À l'époque de Jésus, si l'on avait regardé la ville à partir du Mont des Oliviers, comme sur cette photo, on aurait vu le Temple à la place de la mosquée à la coupole dorée que l'on voit aujourd'hui.

Le pays natal de Jésus s'étend aux bords de la Méditerranée. Des collines s'élèvent au-dessus du littoral étroit. Plus à l'est, la rivière Jourdain coule le long d'une vallée profonde, puis remonte les marécages au nord, traverse le lac de Galilée et se jette enfin dans la Mer Morte.

Une vue du Lac de Galilée, qu'on appelle aussi Lac de Tibériade.

Le climat dans la partie sud de la vallée du Jourdain et la région autour de la Mer Morte est particulièrement chaud et sec. À l'exception de la ville de Jéricho, construite sur un oasis naturel, la région était un désert au temps de Jésus : la végétation était composée de pâturages épars et de plantes épineuses qui supportaient la sécheresse. Des animaux sauvages tels que loups et chacals rôdaient dans les cavernes et crevasses.

En Galilée

Jésus grandit à Nazareth, dans les collines de Galilée, où des fermiers cultivaient de l'orge, des olives et des raisins. Des bergers faisaient paître leurs troupeaux dans les pâturages. L'enseignement de Jésus fait souvent allusion à ce milieu rural.

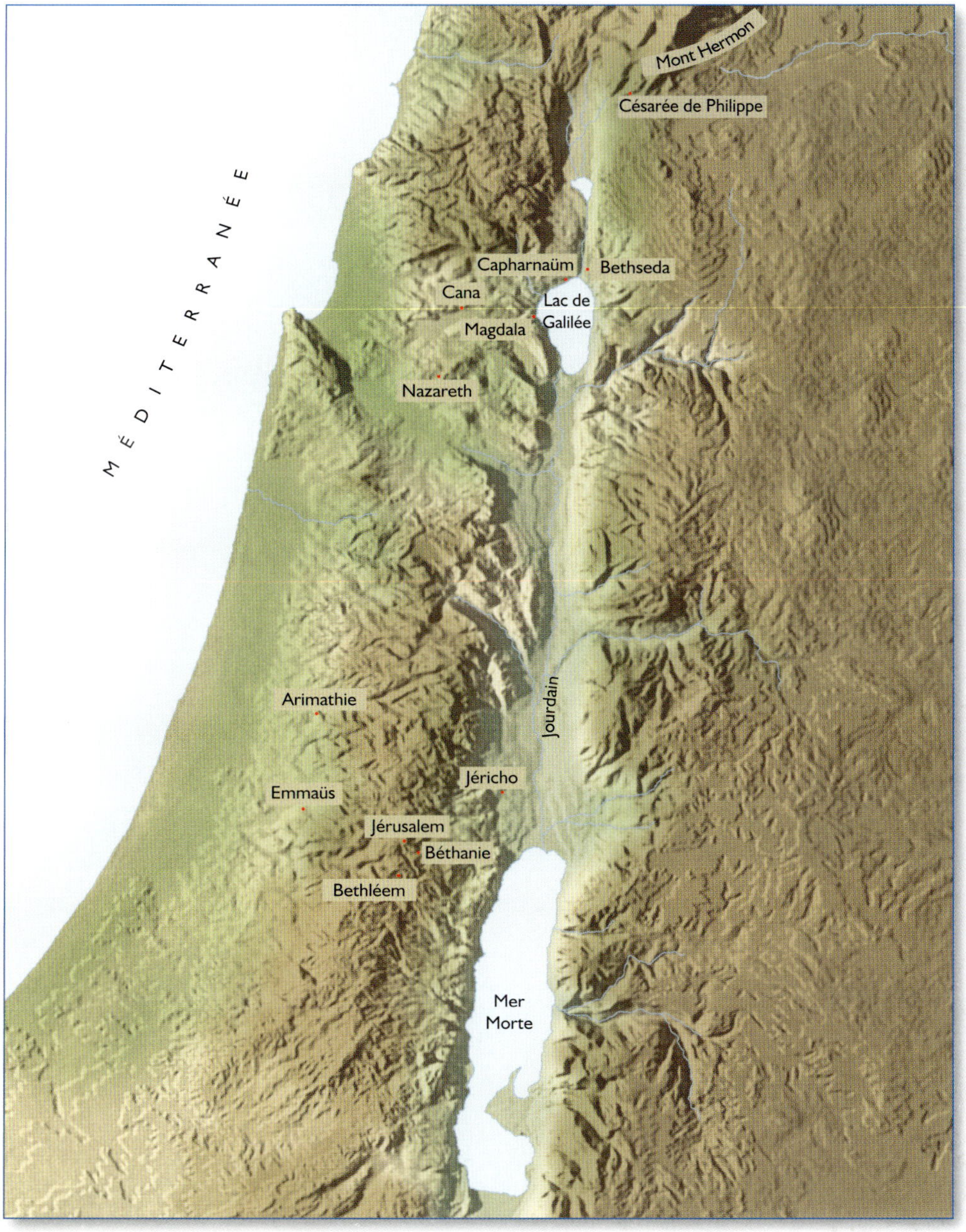

Cette carte montre les endroits principaux qui sont nommés dans les récits de la vie de Jésus. Les couleurs donnent une idée du relief des plaines et des collines.

Bethléem était perchée sur une colline entourée de champs. Elle a vu grandir un jeune berger nommé David avant qu'il ne devienne le roi le plus célèbre de la nation.

Loin des côtes et des collines se trouvaient des régions sèches et sauvages – des lieux désertiques où se cachaient des animaux sauvages et des bandits.

La Mer Morte est l'endroit le plus bas de la terre. Il s'agit d'un lac, et l'eau qui s'y jette ne peut s'en échapper qu'en s'évaporant ne laissant derrière elle que des minéraux et du sel. C'est pourquoi cette « mer » est désormais si salée qu'elle est presque entièrement dépourvue de vie marine.

Jésus devenu adulte, passa la plupart de son temps dans les villages et hameaux autour du lac Galilée. Quatre de ses amis les plus proches étaient pêcheurs.

Aux environs de Jérusalem

La ville principale était Jérusalem. Tout autour se trouvait des terres agricoles : la colline opposée au Mont du Temple à Jérusalem était couverte d'oliveraies et s'appelait le Mont des Oliviers. La ville voisine, Bethléem, était située dans des collines fertiles où de nombreuses céréales étaient cultivées ; son nom signifie « maison du pain ». Elle est célèbre, car c'est là que Jésus est né.

7 L'annonce de Jésus : le récit de Marc

Consulte les sources

La naissance de Jean :
Luc 1

L'annonce de Jésus :
Marc 1 ; également Matthieu 3 ; Luc 3 ; Jean 1

Le message de Jean :
Luc 3

La naissance de Jean

Luc nous raconte l'histoire d'un personnage connu dans le christianisme sous le nom de Jean le Baptiste :

Un couple n'avait pas d'enfant et ils étaient désormais trop vieux pour en avoir. L'homme, Zacharie, était prêtre. Un jour, lorsqu'il était au Temple, un ange lui dit que sa femme, Élisabeth, allait avoir un fils, Jean, qui serait prophète. Zacharie trouva cela trop difficile à croire. L'ange lui dit qu'en raison de son manque de foi, Zacharie serait muet jusqu'à la naissance de l'enfant.

Tout se déroula comme l'ange l'avait annoncé. Lorsque le moment fut venu pour donner un nom au nouveau-né, Zacharie écrivit « Son nom est Jean ». Aussitôt il retrouva la parole et dit :

« Et toi, petit enfant, tu seras appelé prophète du Très Haut, car tu marcheras par devant sous le regard du Seigneur, pour préparer ses routes, pour donner à son peuple la connaissance du salut par le pardon des péchés. »

Luc 1, 76-77

Luc précise qu'Élisabeth était la cousine de Marie, la mère de Jésus.

Tout récit de la vie de quelqu'un nécessite une introduction. Chacun des Évangiles présente la vie de Jésus d'une manière particulière. Le récit de Marc – le plus court et vraisemblablement le premier – en vient droit au fait.

Il commence en déclarant que Jésus est en effet le Christ, le Messie annoncé par les prophètes :

Commencement de l'Évangile de Jésus Christ fils de Dieu :
Ainsi qu'il est écrit dans le livre du prophète Isaïe :
« Voici, j'envoie mon messager en avant de toi, pour préparer ton chemin.
Une voix crie dans le désert : Préparez le chemin du Seigneur, rendez droits ses sentiers. »

Marc 1, 1-3

La foule croyait que Jean était un prophète. En effet, il était vêtu tels les prophètes des temps anciens.

Marc poursuit en faisant le portrait de Jean, le messager de la venue du Seigneur. Vêtu de vêtements grossiers en poil de chameau, avec une ceinture de cuir, il vivait dans le désert où il se nourrissait de ce qu'il trouvait, des sauterelles et du miel sauvage. Il prêchait aux foules qui venaient l'entendre : « Détournez-vous de vos péchés et faites-vous baptiser, et Dieu vous pardonnera vos péchés. »

Jean baptisait quiconque désirait changer de vie dans le but de se préparer à la venue du Messie de Dieu. Il les plongeait dans le Jourdain en signe de purification ; plonger signifiait alors renoncer à un mode de vie, tandis que ressortir signifiait prendre un nouveau départ. Jean fut peu à peu connu sous le nom de « Jean le Baptiste ».

Un jour, Jésus se joignit à la foule qui venait entendre Jean et se faire baptiser. Pendant son baptême quelque chose d'extraordinaire se produisit. Marc le raconte ainsi :

À l'instant où il remontait de l'eau, il vit les cieux se déchirer et l'Esprit, comme une colombe, descendre sur lui. Et des cieux vint une voix : « Tu es mon fils bien-aimé, il m'a plu de te choisir. »

Marc 1, 10-11

Cette carte montre la vallée du Jourdain de la Galilée, au nord, jusqu'à la Mer Morte au sud. C'est ici que Jean le Baptiste prêchait et baptisait. Un des Évangiles nous dit que le peuple est venu le voir à Aïnôn.

Le message de Jean

Jean est mentionné dans les quatre récits de la vie de Jésus. Voici ce que dit Luc de son enseignement :

Les foules demandaient à Jean : « Que nous faut-il donc faire ? »

Il leur répondait : « Si quelqu'un a deux tuniques, qu'il partage avec celui qui n'en a pas; si quelqu'un a de quoi manger, qu'il fasse de même. »

Des collecteurs d'impôts aussi vinrent se faire baptiser et lui dirent : « Maître, que nous faut-il faire ? »

Il leur dit : « N'exigez rien de plus que ce qui vous a été fixé. »

Des militaires lui demandaient : « Et nous, que nous faut-il faire ? » Il leur dit : « Ne faites ni violence ni tort à personne, et contentez-vous de votre solde. »

Luc 3, 10-14

✠ L'Avent

Certaines Églises chrétiennes consacrent les quatre semaines avant Noël à l'attente de la naissance de Jésus. Cette période, appelé l'Avent (du mot latin qui signifie « la venue ») sert à se remémorer les prophètes et les messagers qui attendaient eux aussi la venue de Jésus.

Un thème différent est établi pour chaque dimanche : d'abord le peuple de Dieu, ensuite les prophètes de l'Ancien Testament qui prédirent sa naissance, puis Jean le Baptiste, et enfin Marie, la mère de Jésus.

Une des traditions de l'Avent est la couronne ornée de quatre bougies, avec, dans certains pays, une grande bougie blanche au centre. Les quatre bougies sont allumées successivement en en rajoutant une à chaque dimanche de l'Avent. Le jour de Noël on allume également celle du milieu, s'il y en a une, pour célébrer la naissance de Jésus, la « lumière du monde ».

8 L'annonce de Jésus : le récit de Jean

Consulte les sources

L'Esprit Saint :
Matthieu 4 ; Marc 1 ; Luc 3 ; Jean 1

L'annonce de Jésus :
Jean 1

La mort de Jean le Baptiste :
Matthieu 14 ; Marc 6 ; Luc 9

✠ L'Esprit Saint

Dans le récit du baptême de Jésus, l'Esprit de Dieu descendit sur lui sous la forme d'une colombe. C'est pourquoi cet oiseau est devenu le symbole de l'Esprit Saint. Le récit de l'arche de Noé dans l'Ancien Testament mentionne également une colombe parmi les oiseaux sauvés du déluge. Une fois que la pluie eut cessé de tomber, Noé envoya la colombe pour chercher la terre ferme. Elle revint avec une branche d'olivier dans son bec, la preuve que les eaux avaient baissé. Dieu avait gardé sains et saufs tous les occupants de l'arche.

Le symbolisme de la colombe dans les deux histoires est souvent rapproché. La colombe avec une branche d'olivier dans son bec devient le symbole de l'Esprit Saint de Dieu qui permet aux hommes de vivre avec droiture et les préserve en même temps du danger.

L'auteur de l'Évangile de Jean commence son récit avec le baptême de Jésus, mais il le précède d'une introduction plus longue que les autres, qui explique en langage poétique la relation entre Jésus et Dieu :

Au commencement était le Verbe, et le Verbe était tourné vers Dieu, et le Verbe était Dieu. Il était au commencement tourné vers Dieu. Tout fut par lui, et rien de ce qui fut, ne fut sans lui. En lui était la vie et la vie était la lumière des hommes, et la lumière brille dans les ténèbres, et les ténèbres ne l'ont point comprise.

Jean 1, 1-5

Dans le récit de Jean, Jean le Baptiste (qui n'est pas le même Jean !) ne semble ne pas avoir déjà rencontré Jésus auparavant. Jean le Baptiste savait qu'il préparait le peuple pour celui que Dieu choisirait, mais il n'avait aucune idée de l'identité de Jésus… jusqu'à son baptême. Puis, selon l'évangéliste, Jean le Baptiste eut une vision :

« J'ai vu l'Esprit, tel une colombe, descendre du ciel et demeurer sur lui. Et je ne le connaissais pas, mais celui qui m'a envoyé baptiser dans l'eau, c'est lui qui m'a dit : "Celui sur lequel tu verras l'Esprit descendre et demeurer sur lui, c'est lui qui baptise dans l'Esprit Saint." Et moi j'ai vu et j'atteste qu'il est, lui, le fils de Dieu. »

Jean 1, 32-34

Jean baptisa Jésus dans le Jourdain.

Jean a été emprisonné pour avoir critiqué le roi.

Ce qui est arrivé à Jean

L'Évangile de Jean nous raconte la réaction de Jean le Baptiste lorsqu'il a entendu que Jésus commençait à devenir célèbre pour ses enseignements. Les disciples de Jean étaient venus lui dire que Jésus baptisait également et qu'il s'attirait davantage de disciples. Jean le Baptiste leur répondit que c'est ainsi que les choses devaient se dérouler, puisque c'est Jésus qui était le plus important des deux.

La mort de Jean le Baptiste

Jean continua à parler sans crainte du bien et du mal. Il dit même que le roi, Hérode Antipas (le fils du roi Hérode qui avait fait construire le Temple) avait mal agit en épousant la femme de son frère, Philippe. Pour cela Jean fut jeté en prison.

Hérodiade, la femme d'Hérode, complota pour faire mourir Jean. Lors de la fête d'anniversaire d'Hérode, Salomé, la fille d'Hérodiade, exécuta pour le roi et ses invités une danse si envoûtante que le roi lui promit la récompense de son choix. Salomé alla demander conseil à sa mère, qui lui dit d'exiger la tête de Jean le Baptiste sur un plat. Le prophète au franc-parler fut aussitôt exécuté.

La mort de Jean était connue de Jésus et de ses disciples, qui portèrent le deuil. C'était en même temps un rappel saisissant du danger encouru par un prophète qui osait parler ouvertement.

C'était l'épouse du roi qui souhaitait le plus la mort de Jean ; en complotant avec sa fille, Salomé, elle finit par obtenir ce qu'elle voulait.

Le royaume d'Hérode

Jean le Baptiste et Jésus sont nés alors qu'Hérode le Grand, le roi cruel qui avait reconstruit le Temple, régnait au nom des Romains. À sa mort, son royaume fut divisé entre ses trois fils : Philippe, Hérode Antipas et Archélaos. Mais Archélaos était tellement peu à la hauteur que l'empereur a préféré confier sa région à un préfet romain.

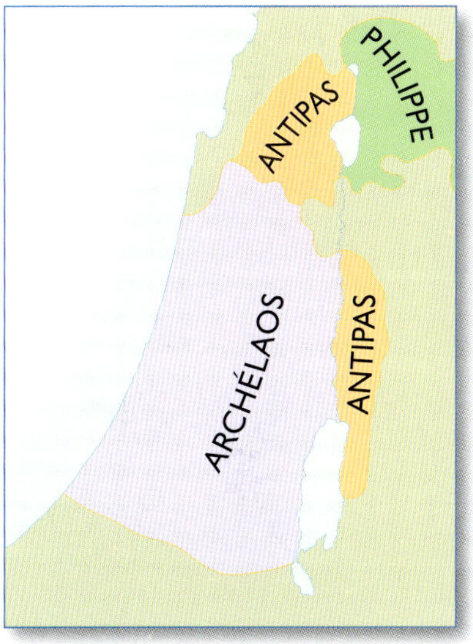

Ces régions montrent la division du royaume d'Hérode entre ses trois fils.

9 L'annonce de Jésus : le récit de Matthieu

Consulte les sources

L'annonce de Jésus :
Matthieu 1

Des cadeaux pour un roi :
Matthieu 2

Matthieu et les Écritures

Dans son récit de la naissance de Jésus et à travers tout son Évangile, Matthieu se sert de chaque occasion pour montrer les liens entre Jésus et les écritures anciennes. Il affirme que les paroles des prophètes se sont accomplies en Jésus.

L'étoile à l'est

Des astronomes modernes ont tenté de déterminer s'il y a eu réellement une nouvelle étoile au moment de la naissance de Jésus. Diverses hypothèses ont été faites à propos de planètes ou de comètes à ce moment-là. Mais d'autres chercheurs se préoccupent moins de la réalité scientifique que de l'arrière-plan de l'histoire ; ils s'intéressent davantage à la façon dont le récit nous montre que Jésus, dès sa naissance, fut reconnu comme roi par des personnes de pays étrangers.

Comme Marc, Matthieu annonce le début de la vie adulte de Jésus par son baptême. Cependant, son Évangile commence par une longue liste des ancêtres de Jésus, remontant jusqu'à Abraham, le père de la nation juive. Dans la liste figurent également le roi David et son fils le roi Salomon, ce qui indique clairement aux lecteurs l'appartenance de Jésus à la lignée royale.

Il raconte ensuite la naissance de Jésus. Une femme appelée Marie se trouva enceinte, ce qui était une honte aux yeux de tous, puisqu'elle n'était pas mariée. Pire encore, son fiancé, Joseph, n'était pas le père, et il avait l'intention de rompre leurs fiançailles.

Un ange lui apparut cependant en rêve et lui dit de l'épouser, car l'enfant était le fils de Dieu qui sauverait son peuple de ses péchés.

L'enfant Jésus naquit à Bethléem, le village natal du roi David. L'événement fut annoncé par une étoile que des voyageurs des pays de l'Est avaient suivi, à la recherche du nouveau roi. Ils s'arrêtèrent d'abord dans la ville voisine, Jérusalem, où régnait Hérode le Grand. Hérode était furieux lorsqu'il entendit des rumeurs à propos d'un nouveau roi. Il demanda à ses conseillers s'il y avait des indices dans les écritures anciennes qui indiquaient l'endroit où le Messie devait naître. Ils répondirent : « À Bethléem ».

Hérode y envoya les visiteurs à la recherche du roi en leur disant de lui rapporter des nouvelles à leur retour. Ils trouvèrent l'enfant et lui offrirent des cadeaux somptueux. Cependant, un ange les avertit en rêve de rentrer chez eux sans retourner voir Hérode. Joseph reçut également l'ordre de fuir en Égypte avec sa femme et son enfant.

Hérode espérait que les voyageurs de l'est l'aideraient à retrouver ce roi rival.

Lorsque Hérode découvrit que les voyageurs étaient repartis sans venir lui dire

Marie, Joseph et Jésus, qu'on appelle parfois la Sainte Famille, ont fuit en Égypte.

précisément quel enfant serait le futur roi, il envoya ses soldats à Bethléem avec l'ordre de tuer tous les enfants mâles de moins de deux ans.

Quelques années plus tard, Joseph apprit la mort d'Hérode. Il rentra dans son pays, mais non pas à Bethléem, car il craignait le nouveau roi, Archélaos, le fils d'Hérode. C'est ainsi que Joseph s'installa avec sa famille à Nazareth en Galilée.

Des cadeaux pour un roi

Matthieu nous précise que les visiteurs ont apporté des cadeaux d'or, d'encens et de myrrhe.

Ce sont des produits de luxe qui montrent la haute estime des voyageurs pour ce nouveau-né qu'ils croyaient être un nouveau roi.

Ces cadeaux sont souvent expliqués comme des symboles : de l'or pour un roi, de l'encens pour un prêtre et de la myrrhe, une épice utilisé dans la préparation des corps pour l'enterrement, pour quelqu'un dont la mort serait aussi importante que sa vie.

✠ Les rois mages

Depuis des siècles, l'histoire de la visite des rois mages a alimenté l'imagination des chrétiens, et l'éclat de leur visite est un sujet populaire dans l'art chrétien. Le mot « mage » indique un lien avec les gardiens du culte du dieu perse, Ahura-Mazda. D'autres légendes racontent qu'ils étaient rois, issus peut-être d'autres régions du monde connu. Puisqu'ils ont apporté trois cadeaux, on suppose qu'ils étaient trois. La tradition ancienne leur a même attribué des noms : Balthasar, d'Afrique ; Melchior, de Mède ; et Gaspard, de Perse.

✠ L'Épiphanie

L'Épiphanie est une fête de l'Église qui commémore la venue des rois mages. Le mot vient du mot grec qui signifie « manifestation », car Jésus fut montré à des non-Juifs et reconnu comme roi.

L'Épiphanie est fêtée le 6 janvier et marque la fin des célébrations de Noël. Dans certains pays elle est fêtée le premier dimanche de janvier.

Cette mosaïque du XVe siècle montre l'adoration des trois rois mages.

10 L'annonce de Jésus : le récit de Luc

Consulte les sources

Un puissant sauveur :
Luc 1

L'annonce de Jésus :
Luc 1

Un puissant sauveur

Lorsque Zacharie retrouva l'usage de la parole après la naissance de son fils Jean, il parla de lui en ces termes :

« Béni soit le Seigneur, le Dieu d'Israël, parce qu'il a visité son peuple, accompli sa libération, et nous a suscité une force de salut dans la famille de David, son serviteur. C'est ce qu'il avait annoncé par la bouche de ses saints prophètes d'autrefois : un salut qui nous libère de nos ennemis et des mains de tous ceux qui nous haïssent. »

Luc 1, 68-71

Luc consacre plus de temps que les autres évangélistes aux récits des événements qui précèdent le baptême que Jésus reçut à l'âge adulte. Il commence son livre avec deux récits de naissance : celle de Jean le Baptiste et celle de Jésus.

D'abord, Zacharie apprit d'un ange que lui et Élisabeth auraient un enfant. Leur fils s'appellerait Jean et il deviendrait un grand prophète.

Lorsque Élisabeth était encore enceinte, sa cousine Marie reçut à son tour une nouvelle surprenante d'un ange, du nom de Gabriel, qui lui dit :

« Sois sans crainte, Marie, car tu as trouvé grâce auprès de Dieu. Voici que tu vas être enceinte, tu enfanteras un fils et tu lui donneras le nom de Jésus. Il sera grand et sera appelé Fils du Très Haut. Le Seigneur Dieu lui donnera le trône de David son père ; il régnera pour toujours sur la famille de Jacob, et son règne n'aura pas de fin. »

Luc 1, 30-33

✠ L'annonciation

On appelle « Annonciation » l'épisode où l'ange Gabriel annonça à Marie qu'elle allait être la mère du fils de Dieu. L'annonciation est célébrée dans de nombreuses Églises le 25 mars, soit neuf mois avant la célébration de la naissance de Jésus à Noël.

Après la visite de l'ange, Marie s'est rendue chez sa cousine Élisabeth, un événement qui est souvent appelé la Visitation.

L'ange de l'annonciation est souvent représenté avec un lis, pour symboliser la pureté de Marie.

Marie trouva cela difficile à croire ; il est vrai qu'elle allait épouser un homme appelé Joseph, mais elle n'était pas encore mariée et savait donc qu'elle ne pouvait être enceinte. L'ange lui dit que Dieu ferait accomplir tout ce qu'il avait dit, et lui rappela que sa cousine Élisabeth était devenue enceinte alors que tous la croyaient trop vieille pour avoir un enfant.

Marie rendit visite à Élisabeth, qui sentit aussitôt bouger dans son ventre l'enfant qu'elle portait, Jean. Élisabeth déclara que cela lui était arrivé parce que l'enfant avait senti la présence de l'enfant de Marie, celui que Dieu avait promis. Puis Marie chanta une louange à Dieu :

« Mon âme exalte le Seigneur et mon esprit s'est rempli d'allégresse à cause de Dieu, mon Sauveur, parce qu'il a porté son regard sur son humble servante. Oui, désormais, toutes les générations me proclameront bienheureuse, parce que le Tout-Puissant a fait pour moi de grandes choses : saint est son Nom. Sa bonté s'étend de génération en génération sur ceux qui le craignent. Les affamés, il les a comblés de biens et les riches, il les a renvoyés les mains vides. Il est venu en aide à Israël son serviteur en souvenir de sa bonté, comme il l'avait dit à nos pères, en faveur d'Abraham et de sa descendance pour toujours. »

Luc 1, 46-50. 53-55

Marie et Élisabeth parlent des bébés qu'elles attendent.

✠ Marie de Nazareth

Les Évangiles nous renseignent peu sur Marie, en dehors du fait qu'elle était jeune et fiancée. Cela veut dire qu'un mariage avait été négocié entre sa famille et celle de son futur mari. Il semble qu'elle venait d'atteindre l'âge minimum pour conclure un mariage. Selon les coutumes de l'époque, elle devait avoir environ douze ans et son futur mari quelques années de plus. Elle vivait vraisemblablement chez ses parents.

Les Évangiles ne disent rien de ses parents, mais il existe une tradition ancienne selon laquelle ils s'appelaient Joachim et Anne.

✠ « Je vous salue, Marie »

Les premiers mots de l'ange à Marie sont traduits par « Je vous salue, Marie », et en latin par « Ave Maria ». Ces mots forment le début d'une prière qui est récité par de nombreux chrétiens, en particulier ceux de tradition catholique. Ils récitent le « Je vous salue, Marie » lorsqu'ils prient en se servant d'un collier de perles appelé chapelet ou « rosaire ». Ils méditent en même temps les événements de la vie de Jésus.

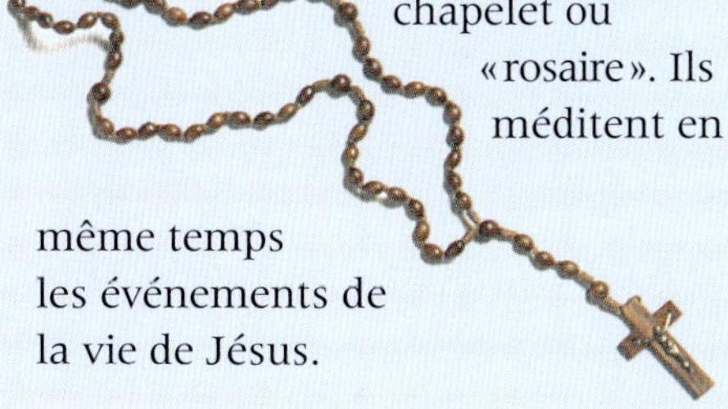

✠ Le Magnificat

Marie jouit de la plus haute estime de la part de tous les chrétiens. Dans beaucoup d'Églises les croyants récitent ou chantent l'hymne de louange qu'elle même avait chanté à Dieu lorsqu'elle fut rassurée par Élisabeth que sa grossesse était une bonne nouvelle. Cette hymne est connue sous le nom *Magnificat*, qui est le premier mot de la version latine.

11 La suite du récit de Luc

Consulte les sources

Des chœurs d'anges :
Psaumes 147 – 150

La naissance de Jésus :
Luc 2 et Matthieu 1

Lorsqu'Élisabeth met au monde Jean, Marie reste avec elle durant trois mois, avant de rentrer chez elle. Puis une annonce de l'empereur romain César Auguste modifie les projets de tous. L'empereur veut effectuer un recensement dans tout l'empire afin de calculer l'impôt plus équitablement.

Luc nous dit que Joseph, le fiancé de Marie, est un descendant du roi David, donc le village dans lequel il doit se faire recenser est Bethléem. Marie et Joseph s'y rendent ensemble afin de s'y faire inscrire dans les registres. Le village est rempli de monde. Le seul endroit où Marie et Joseph peuvent s'abriter est une pièce utilisée d'habitude par des animaux. C'est là que l'enfant de Marie naît et qu'elle le couche dans une mangeoire. Cette nuit, sur des collines aux alentours, des bergers gardent leurs troupeaux. Soudain un ange apparaît et proclame une annonce étonnante :

« Soyez sans crainte, car voici, je viens vous annoncer une bonne nouvelle, qui sera une grande joie pour tout le peuple : Il vous est né aujourd'hui, dans la ville de David, un Sauveur qui est le Christ Seigneur ; et voici le signe qui vous est donné : vous trouverez un nouveau-né emmailloté et couché dans une mangeoire. »

Luc 2, 10-12

✝ Des chœurs d'anges

Plusieurs passages de la Bible évoquent des anges qui chantent des louanges à Dieu. Certains se trouvent dans les Psaumes, assortis de listes d'instruments de musique qui conviennent à la louange de Dieu : des trompettes, des harpes, des flûtes, des tambours et des cymbales. C'est pour cette raison que les anges qui apparurent aux bergers sont souvent illustrés dans les églises en train de chanter et de jouer des instruments de musique.

Puis une foule d'anges apparurent, chantant :

« Gloire à Dieu au plus haut des cieux et sur la terre paix pour ses bien-aimés. »

Luc 2, 14

Une fois les anges partis, les bergers se précipitèrent à Bethléem et trouvèrent le nouveau-né annoncé.

Le bébé dans la mangeoire

Le récit de Luc nous apprend que Marie enveloppa son enfant de la manière traditionnelle : elle l'emmaillota dans des linges. Ce sont des bandes de tissu qui sont enfilées autour d'un bébé pour l'envelopper dans un cocon où il se sent en sécurité et bien au chaud.

La mangeoire aurait pu être une auge en pierre telle que celle-ci – un lit stable que l'on pouvait rendre chaud et confortable.

✠ Les anges dans l'art chrétien

Les textes qui parlent de Jésus mentionnent des anges à plusieurs reprises mais ne nous donnent que peu d'indices sur leur apparence. Tout ce que l'on peut dire est que les personnes présentes semblent les reconnaître comme des anges. Ils ont quelque chose de céleste, ils sont auréolés de la « gloire de Dieu ». Certains anges sont décrits comme « vêtus de blanc ».

L'art chrétien à travers les siècles les a souvent représentés comme des jeunes gens ravissants avec des ailes et des auréoles brillantes, vêtus de blanc ou avec des tissus somptueux et parés de bijoux.

Cet ange se trouve représenté dans une église italienne du Moyen Âge.

✠ Noël

La naissance de Jésus est commémorée à la fête de Noël. Les chrétiens célèbrent Noël le 25 décembre. Dans l'Église orthodoxe, dont le calendrier est décalé de 13 jours, cette fête tombe le 7 janvier.

Une tradition très répandue est de se rassembler pour une célébration tard le soir du 24 décembre, afin de fêter la naissance de Jésus à minuit. Il existe bien d'autres traditions visant à commémorer les récits des Évangiles de cette naissance, ou Nativité. On met en scène des crèches vivantes ou des pièces de théâtre et autres spectacles de la Nativité. On trouve aussi souvent des crèches avec des figurines.

12 Jésus se rend au Temple

Consulte les sources

La prophétie de Syméon :
Luc l et 2

Jésus au temple :
Luc 2

L'apprentissage de la loi :
Deutéronome 6

La prophétie de Syméon

L'ange Gabriel ordonna à Marie d'appeler son fils « Jésus » ; il reçut son nom lors de la cérémonie qui eut lieu, comme de coutume, une semaine après sa naissance. Plus tard, Marie et Joseph amenèrent leur nouveau-né au Temple pour le consacrer à Dieu, tel que la Loi l'exige. Pendant qu'ils étaient là, un vieil homme du nom de Syméon demanda à le tenir dans ses bras. « Maintenant je suis prêt à mourir en paix, dit-il, car j'ai vu celui qui apportera le salut de Dieu à mon peuple. »

Après cet événement, Luc nous dit que Marie et Joseph rentrèrent à Nazareth.

✠ Nunc dimittis

La déclaration de Syméon disant qu'il est désormais prêt à mourir commence en latin par les mots Nunc dimittis. Ses paroles sont souvent récitées ou chantées dans les églises à l'office du soir ou lors des funérailles.

L'Évangile de Luc est le seul qui nous renseigne sur l'enfance de Jésus.

Chaque année, nous raconte-t-il, les parents de Jésus montaient à Jérusalem pour célébrer la fête de Pâque au Temple. Lorsque Jésus eut douze ans, il put les accompagner avec sa famille et ses amis.

Une fois la fête terminée, le groupe se mit en marche vers le village. Marie et Joseph, persuadés que Jésus s'amusait avec ses amis dans le groupe, marchèrent une journée entière sans s'inquiéter. Lorsqu'ils commencèrent à demander autour d'eux où était Jésus, personne ne l'avait vu.

Pris d'inquiétude, Marie et Joseph se précipitèrent de nouveau à Jérusalem. Ils le cherchèrent partout, et ce n'est que le troisième jour qu'ils le retrouvèrent au Temple, assis avec les Maîtres juifs. Il écoutait ce qu'ils disaient sur leur foi et leur posait des questions. Tout ce que disait Jésus était plein de sagesse et d'une compréhension profonde.

Marie et Joseph à la recherche de Jésus

Les maîtres de la Loi et les prêtres aimaient se retrouver dans la cour du Temple pour discuter les lois de Dieu. Ils furent surpris par la sagesse de Jésus.

Marie le gronda. Jésus fut étonné. « Pourquoi avez-vous eu besoin de me chercher ? Ne saviez-vous pas qu'il me faut être chez mon Père ? ».

Jésus a probablement appris à copier des mots de la Loi sur une tablette en cire comme celle-ci.

L'apprentissage de la loi

À l'époque de Jésus, les garçons apprenaient la Loi à l'école de la synagogue. Le texte en hébreu sur le parchemin ci-dessous est une citation célèbre des Écritures juives, le Shema, appelé ainsi d'après le premier mot, « écoute », en hébreu :

Écoute, Israël !
Le Seigneur notre Dieu
est le Seigneur Un !

Les lettres en hébreu s'écrivent de droite à gauche. Les enfants apprennent à les tracer en dessous des lignes – à l'inverse de ce que nous faisons en français.

13 Le « nouveau départ » de Jésus

Consulte les sources

La tentation de Jésus :
Matthieu 4 ; également Marc 1 ; Luc 4

Comme tous les garçons, Jésus apprit le métier de son père – celui de menuisier et de charpentier. À l'âge de trente ans, il changea radicalement de voie. Après son baptême par Jean il partit, selon Matthieu, Marc et Luc, vers un endroit désert.

Les années cachées

En dehors du récit de Jésus au Temple décrit par Luc, les Évangiles disent très peu sur ses premières années. Il semblerait qu'il n'y avait rien de particulier à raconter. Les villageois de Nazareth ne le considéraient en rien comme un être extraordinaire. Ils savaient qu'il était le fils de Marie, mais la rumeur courait que son mari, Joseph, n'était pas son vrai père.

Nazareth est un village tout à fait ordinaire de nos jours. À l'époque de Jésus, personne ne pensait que c'était un lieu qui verrait naître un grand homme.

Le genre d'outils utilisés par les charpentiers à l'époque de Jésus ressemblent aux outils encore utilisés de nos jours : objets tels des scies, des burins et des rabots.

En tant que charpentier et maçon dans une petite ville, Jésus avait très certainement participé à la construction de maisons et à la rénovation des fermes. Cette illustration nous montre un charpentier qui utilise une sorte de foret en forme d'arc, afin de percer des trous.

Alors Jésus fut conduit par l'Esprit au désert, pour être tenté par le diable. Après avoir jeûné quarante jours et quarante nuits, il finit par avoir faim. Le tentateur s'approcha et lui dit : « Si tu es le Fils de Dieu, ordonne que ces pierres deviennent des pains. »

Mais il répliqua : « Il est écrit : Ce n'est pas seulement de pain que l'homme vivra, mais de toute parole sortant de la bouche de Dieu. »

Alors le diable l'emmène à la Ville Sainte, le place sur le faîte du Temple et lui dit : « Si tu es le Fils de Dieu, jette-toi en bas, car il est écrit :

" Il donnera pour toi des ordres à ses anges et ils te porteront sur leurs mains pour t'éviter de heurter du pied quelque pierre." »

Jésus lui dit : « Il est aussi écrit : " Tu ne mettras pas à l'épreuve le Seigneur ton Dieu." »

Le diable l'emmène encore sur une très haute montagne ; il lui montre tous les royaumes du monde avec leur gloire et lui dit : « Tout cela je te le donnerai, si tu te prosternes et m'adores. »

Alors Jésus lui dit : « Retire-toi, Satan ! Car il est écrit : Le Seigneur ton Dieu tu adoreras et c'est à lui seul que tu rendras un culte. »

Alors le diable le laisse, et voici que des anges s'approchèrent, et ils le servaient.

Matthieu 4, 1-11

Jésus réfléchit longuement au sujet des choix qui lui étaient ouverts. Avait-il un pouvoir dont il pouvait se servir ?... Pourrait-il utiliser ce pouvoir pour se procurer de la nourriture, privilégiant ainsi son propre confort, ou faire des miracles spectaculaires ?

Il pourrait même devenir un dirigeant puissant. Mais Jésus savait que sa vocation était toute autre.

Dans le désert

Le désert où Jésus s'était isolé était un lieu desséché et stérile. Des bandits et des rebelles se cachaient dans les cavernes. Des animaux sauvages rôdaient à l'ombre : des serpents, des chacals, des loups et même des ours et des lions.

✠ Le Carême

Pendant les semaines avant Pâques, les chrétiens commémorent les quarante jours que Jésus a passé seul au désert. Cette période s'appelle le Carême. Selon la tradition c'est une période de jeûne, mais un jeûne qui implique l'abstinence des aliments riches plutôt que l'abstinence de toute nourriture ! C'est également une période pendant laquelle les chrétiens consacrent davantage de temps à la prière et à la lecture de la Bible.

Le bol de cendres et le marque-pages en toile de jute font partie des traditions du Carême.

On trouve un bol de cendres dans certaines cérémonies traditionnelles qui marquent le début du Carême, le « Mercredi des cendres ». L'officiant plonge son pouce dans les cendres et trace le signe de la croix sur le front de chaque participant.

Ce geste commémore à la fois une tradition ancienne du judaïsme (le port du sac et de la cendre en signe de la repentance) et la croix de Jésus, qui rappelle aux chrétiens le pardon de Dieu.

14 Le nouveau message de Jésus

Consulte les sources

À l'intérieur comme à l'extérieur :
Matthieu 5 à 7

Le prophète rejeté :
Luc 4 ; Matthieu 13 ; également Marc6

La prière de Jésus :
Luc 18

À l'intérieur comme à l'extérieur

Jésus est fréquemment décrit en train de prêcher aux foules, souvent aux bords du lac Galilée ou dans les collines aux alentours. En effet, un de ses enseignements parmi les plus célèbres s'intitule le « Sermon sur la Montagne ». Cependant, les Évangiles disent que Jésus prêchait également dans les synagogues, où il était tout à fait habituel de donner la parole à un maître religieux en visite. À d'autres occasions, des personnes l'invitaient dans leurs maisons, où il prêchait à la fois aux invités et aux foules qui s'y rassemblaient.

Cette colline qui surplombe le lac Galilée est considérée par la tradition comme le site où Jésus prononça le « Sermon sur la Montagne ».

Selon Luc, Jésus commença à prêcher dans la synagogue locale, à Nazareth. Il était tout à fait naturel qu'on l'invite à lire les écritures, puisqu'il faisait partie de la communauté locale. On lui porta le livre du prophète Isaïe où il lut le passage suivant :

« L'Esprit du Seigneur est sur moi parce qu'il m'a conféré l'onction pour annoncer la Bonne Nouvelle aux pauvres. Il m'a envoyé proclamer aux captifs la libération et aux aveugles le retour à la vue, renvoyer les opprimés en liberté, proclamer une année d'accueil par le Seigneur. »

Luc 4, 18-19

Jésus s'assit et déclara que cette prophétie venait de s'accomplir. Ses auditeurs se mirent en colère : ils n'arrivaient pas à croire que ce jeune homme qu'ils pensaient connaître si bien, pouvait être un prophète. Outragés, ils l'ont renvoyé de la synagogue.

Le prophète rejeté

Marc et Matthieu racontent également l'histoire de Jésus chassé de Nazareth, mais cette histoire vient plus tard dans leur récit.

« D'où lui viennent cette sagesse et ces miracles ? N'est-ce pas le fils du charpentier ? Sa mère ne s'appelle-t-elle pas Marie, et ses frères Jacques, Joseph, Simon et Jude ? Et ses sœurs ne sont-elles pas toutes chez nous ? D'où lui vient donc tout cela ? » Et il était pour eux une occasion de chute.

Jésus leur dit : « Un prophète n'est méprisé que dans sa patrie et dans sa maison. »

Matthieu 13, 54-57

Ces ruines d'une synagogue à Capharnaüm sont posées sur les fondements d'un édifice plus ancien, peut-être la synagogue que Jésus a connue.

✠ Le péché

Marc annonça le message de Jésus d'une manière claire et simple : « Le moment est venu et le Royaume de Dieu est proche ! Détournez-vous de vos péchés et croyez la Bonne Nouvelle ! »

Le mot « péché » a aujourd'hui plusieurs significations. Lorsque Jésus parle du péché, ce mot signifie simplement un acte contraire à ce que Dieu veut concernant l'amour, la justice et la paix.

Une des traditions chrétiennes qui dure depuis des siècles est la confession des péchés à Dieu et la demande de son pardon. La prière de confession utilisée le plus souvent est parfois appelée la prière de Jésus :

Dieu, aie pitié de moi, pécheur.

Ce sont les paroles prononcées par un des personnages dans une parabole de Jésus – que tu peux lire à la page 63.

✠ La libération

Les paroles d'Isaïe lues par Jésus disent que son message de bonnes nouvelles signifie entre autres la venue de la liberté et la justice. Au vingtième siècle, certains chrétiens ont mis l'accent sur ce qu'ils ont appelé la « théologie de la libération ». Ce mouvement se préoccupe des péchés, c'est-à-dire les mauvaises actions qu'un individu peut commettre. Ses adhérents tentent avec passion d'apporter des changements à la société qui permettraient à tous de vivre librement et de bénéficier de l'égalité des chances.

Ces chrétiens philippins croient qu'il est justifié d'employer des tactiques de guérilla afin d'obtenir la justice pour ceux qui sont extrêmement pauvres.

15 À Capharnaüm

Consulte les sources

Une guérison à Capharnaüm :
Matthieu 8 ; Marc 1 ; Luc 4

Jésus appelle ses disciples :
Matthieu 4 ; Marc 1 ; Luc 5

Le récit des pêcheurs selon Jean :
Jean 1

Ces restes d'une maison de l'époque de Jésus ont été découverts à Capharnaüm. La maison est connue comme celle de Pierre, mais malheureusement il n'y a aucune preuve qu'elle lui appartenait réellement.

Une guérison à Capharnaüm

Un jour, lorsque Jésus rendit visite pour la première fois à son ami Simon, la belle-mère de ce dernier eut une forte fièvre. Jésus alla à son chevet et guérit la femme. Elle put alors s'occuper de son invité.

La nouvelle se répandit avant la tombée de la nuit. Une foule se pressa pour présenter à Jésus des malades, qu'il guérit tous.

Après avoir été chassé de Nazareth, Jésus s'en alla quelques kilomètres plus loin, à Capharnaüm, un village de pêcheurs situé au bord du lac.

Sa renommée grandit rapidement, car il pouvait guérir toutes sortes de maladies simplement en touchant le malade. Des foules se rassemblèrent dans les synagogues où Jésus se rendait pour prêcher.

Il commença à réunir autour de lui un groupe de fidèles – les disciples.

Comme il passait le long de la mer de Galilée,
il vit Simon et André, le frère de Simon,
en train de jeter le filet dans la mer : c'étaient des pêcheurs.
Jésus leur dit : « Venez à ma suite, et je ferai de vous
des pêcheurs d'hommes. » Laissant aussitôt
leurs filets, ils le suivirent.

Avançant un peu, il vit Jacques, fils de Zébédée, et Jean son frère, qui étaient dans leur barque en train d'arranger leurs filets. Aussitôt, il les appela. Et laissant dans la barque leur père Zébédée avec les ouvriers, ils partirent à sa suite.

Marc 1, 16-20

Certains des amis les plus proches de Jésus étaient pêcheurs. Le travail n'était pas facile, mais ils en vivaient convenablement. Ils ont pris des risques considérables en arrêtant de travailler pour suivre Jésus.

Le récit des pêcheurs selon Jean

Jean raconte d'une manière différente de Matthieu l'histoire de Jésus qui appelle les pêcheurs. Dans son Évangile, Jean le Baptiste voit Jésus et affirme à deux de ces disciples que Jésus est celui que Dieu a choisi. Ces deux disciples suivent Jésus et passent l'après-midi à l'écouter. L'un d'eux, André, part ensuite chercher son frère, Simon, et l'informe qu'il a trouvé le Christ. Lorsque Jésus rencontre Simon, il lui donne un surnom – Pierre. Peu de temps après, Jésus appelle à lui Philippe, qui manifeste qu'il croit que Jésus est envoyé par Dieu. Philippe à son tour invite Nathanaël à les rejoindre.

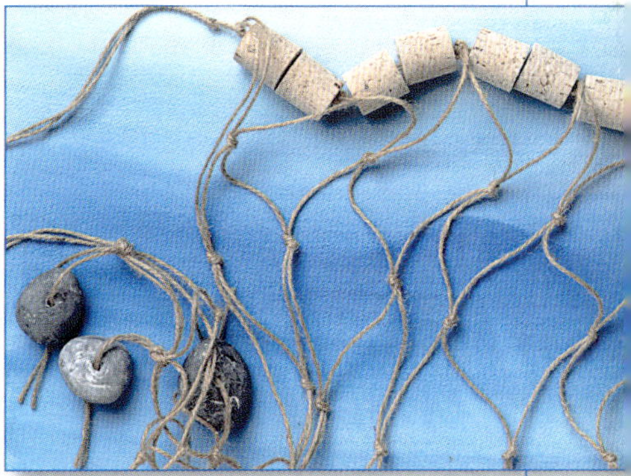

Dans cette reconstruction d'un filet de pêcheurs de l'époque de Jésus, nous voyons une ligne de flotteurs au bord supérieur et une autre de plombs sur le bord inférieur. Les plombs servaient à maintenir le filet à la verticale dans l'eau, placé entre deux bateaux de pêche comme une barrière submergée. Lorsque les bateaux s'avançaient, les poissons se trouvaient coincés dans le filet.

16 Les fidèles et les disciples

Consulte les sources

Le collecteur d'impôts :
Marc 2 ; également Matthieu 9 ; Luc 5

Être disciple de Jésus :
Luc 8, 9, 12, 14 ; également Matthieu 8, 10

Les douze disciples :
Luc 6 ; également Matthieu 10 ; Marc 3

Aussi proches qu'une famille :
Marc 3 ; également Matthieu 12 ; Luc 8

Le collecteur d'impôts

Un jour, lorsque Jésus prêchait à une foule, il vit un collecteur d'impôts du nom de Lévi. Il appela Lévi à le suivre, et Lévi quitta aussitôt son comptoir sur la place du marché. Selon la tradition, ce Lévi n'est autre que l'évangéliste Matthieu.

Jésus semblait prendre plaisir à accueillir ceux qu'il appelait pour le suivre, peu importe qui ils étaient. Les Pharisiens enseignaient qu'il ne fallait pas s'associer avec certaines catégories de personnes, tels les collecteurs d'impôts et les exclus, et ils critiquèrent Jésus pour l'avoir fait.

Ces pièces de monnaie en argent montrent les empereurs romains Tibère et Auguste. Les habitants de l'empire devaient payer des impôts aux empereurs romains, et ils haïssaient les collecteurs d'impôts pour leur collaboration avec les Romains.

Lorsque ceux qui écoutaient Jésus parler de l'homme qui voulait construire une tour, ils ont dû penser à un édifice de ce genre. Ces tours de garde étaient construites dans un coin du vignoble. Lorsque les raisins mûrissaient, des ouvriers montaient la garde jour et nuit pour empêcher les voleurs d'emporter leur récolte.

Les premiers disciples de Jésus étaient quatre pêcheurs : Pierre et André, Jacques et Jean. Mais Jésus appela rapidement d'autres personnes à le suivre, tandis que bien d'autres venaient de leur propre initiative.

Après un certain temps, Jésus choisit douze disciples pour être ses collaborateurs et ses amis les plus proches. Il passa une nuit entière en prière avant de les choisir.

Cependant, il y avait de nombreuses autres personnes dans l'entourage de Jésus. Luc mentionne plusieurs femmes : Marie, dite de Magdala, était reconnaissante envers Jésus parce qu'il l'avait guérie d'une maladie décrite comme « sept démons » ; Jeanne qui était la femme d'un membre du gouvernement – elle et une autre femme appelée Suzanne et beaucoup d'autres donnèrent de l'argent pour soutenir le ministère de Jésus et ses disciples.

La difficulté à suivre Jésus

Jésus donnait un avertissement sévère à ceux qui souhaitaient le suivre et les prévenait que leur engagement devait être profond. Il raconta la parabole suivante :

« En effet, lequel d'entre vous, quand il veut bâtir une tour, ne commence par s'asseoir pour calculer la dépense et juger s'il a de quoi aller jusqu'au bout ? Autrement, s'il pose les fondations sans pouvoir terminer, tous ceux qui le verront se mettront à se moquer de lui et diront : " Voilà un homme

Jésus souhaitait que ses disciples lui soient entièrement dévoués et qu'ils ne regardent pas en arrière. S'ils ne gardaient pas les yeux fixés sur lui, ils seraient aussi inutiles qu'un laboureur qui ne s'appliquerait pas à creuser correctement un sillon.

qui a commencé à bâtir et qui n'a pas pu terminer !" »

Luc 14, 28-30

Jésus mettait en garde ses disciples qu'ils devaient être prêts à faire face à des critiques et même à des persécutions lorsqu'ils annonceraient son message, mais que Dieu les aiderait :

« Lorsqu'on vous amènera devant les synagogues, les chefs et les autorités, ne vous inquiétez pas de savoir comment vous défendre et que dire. Car le Saint Esprit vous enseignera à l'heure même ce qu'il faut dire. »

Luc 12, 11-12

Ils devaient être prêts à abandonner ce qu'ils possédaient et à faire passer leurs familles au deuxième rang.

Comme ils étaient en route, quelqu'un dit à Jésus en chemin : « Je te suivrai partout où tu iras. »

Jésus lui dit : « Les renards ont des terriers et les oiseaux du ciel des nids ; le fils de l'homme, lui, n'a pas où poser la tête. »

Il dit à un autre : « Suis-moi. »

Celui-ci répondit : « Permets-moi d'aller d'abord enterrer mon père. »

Mais Jésus lui dit : « Laisse les morts enterrer leurs morts, mais toi, va annoncer le Règne de Dieu. »

Un autre encore lui dit : « Je vais te suivre, Seigneur ; mais d'abord permets-moi de faire mes adieux à ceux de ma maison. »

Jésus lui dit : « Quiconque met la main à la charrue, puis regarde en arrière, n'est pas fait pour le Royaume de Dieu. »

Luc 9, 57-62

Les douze disciples

Les collaborateurs les plus proches de Jésus s'appellent des disciples, d'un mot qui signifie « élève ». Les noms de ces douze sont les suivants :

Simon-Pierre et André son frère,
Jacques et son frère Jean,
Philippe et Barthélemy,
Matthieu et Thomas,
Jacques,
Simon le Zélote,
Judas fils de Jacques
(Matthieu et Marc citent Thaddée à la place de Judas)
Judas Iscarioth

Aussi proches qu'une famille

Un jour la famille de Jésus vint le voir au moment où il était occupé à enseigner ; ils craignaient qu'il avait perdu la tête et voulaient le ramener chez lui. Lorsque Jésus entendit qu'ils étaient venus le voir, il dit ceci :

« Qui sont ma mère et mes frères ? » Et, parcourant du regard ceux qui étaient assis en cercle autour de lui, il dit : « Voici ma mère et mes frères. Quiconque fait la volonté de Dieu, voilà mon frère, ma sœur, ma mère. »

Marc 3, 33-35

Le Fils de l'Homme

Jésus s'est souvent désigné comme le « fils de l'Homme ». Les chrétiens ont de nombreuses idées sur la signification de cette expression ; une explication simple est « un homme ordinaire ».

17 Les miracles

Consulte les sources

La noce le Cana :
Jean 2

Les jarres d'eau

Les jarres comme celles mentionnées dans l'histoire de l'eau transformée en vin était énormes et suffisamment grandes pour contenir 100 litres d'eau. Pour les remplir, les serviteurs devaient vraisemblablement faire deux aller-retours au puits avec des cruches plus petites.

De grandes jarres en pierre comme celles-ci ont été trouvées dans les ruines d'une maison du premier siècle à Jérusalem.
D'une hauteur de 80 cm, elles ont été taillées dans un énorme bloc de pierre puis tournées sur un tour et ornées de lignes décoratives.
Il est possible qu'elles aient été équipées de couvercles afin de les protéger de la poussière et des insectes.

Selon Matthieu, Marc et Luc, Jésus commença à accomplir des miracles de guérison dès le début de sa prédiction. Jean raconte une autre version de son premier miracle.

Les noces de Cana

Une noce se déroulait à Cana en Galilée ; la mère de Jésus y était, et Jésus et ses disciples étaient également invités.

Au milieu de la fête, l'hôte n'avait plus de vin. Quel embarras ! Marie s'approcha

Aux mariages juifs les mariés sont assis sous un dais nuptial tandis que les invités font la fête tout autour.

La fabrication du vin

À l'époque de Jésus, peu de vignerons pouvaient s'offrir leur propre pressoir. Les habitants du village se le partageaient, et la fabrication du vin était un moment de fête et de divertissement.

Ce pressoir fonctionne en empilant des paniers de raisins afin d'extraire le jus. D'autres pressoirs étaient de simples cuves où les ouvriers foulaient les raisins de leurs pieds.

de Jésus pour lui raconter le problème.

« Tu ne dois pas me dire ce que je dois faire, lui répondit-il, mon heure n'est pas encore venue. »

Marie était sure que Jésus allait faire quelque chose, et elle dit aux serviteurs de faire tout ce que Jésus leur demanderait.

Il y avait six grandes jarres en pierre dans la maison – des bassins pour l'eau pour le bain, contenant une centaine de litres chacune. « Remplissez d'eau ces jarres » dit Jésus aux serviteurs, et ils s'exécutèrent.

« Maintenant puisez et portez-en au maître du repas. » Ils lui en portèrent ; celui-ci le goûta et appela aussitôt le marié. « Tout le monde offre d'abord le bon vin puis, lorsque les convives en ont eu beaucoup, le vin ordinaire, mais toi, tu as gardé le bon vin jusqu'à maintenant. »

✠ Le bon usage du vin

Le vin était une boisson ordinaire à l'époque de Jésus. Cependant, la Bible critique l'ivresse. C'est pourquoi certains groupes de chrétiens refusent de boire de l'alcool, alors que d'autres l'utilisent au moment de la messe.

18 Miracles de guérison

Consulte les sources

Le pouvoir de Dieu sur le mal :
Luc 9 ; également Matthieu 17 ; Marc 9

Les exclus et les étrangers :
Luc 17

Les mauvais esprits

Jésus a vécu à une époque où l'on attribuait aux mauvais esprits la source de toutes sortes de désordres de la personne. Aujourd'hui, un médecin décrirait certains de ces désordres d'une manière différente. Cependant, tous seraient d'accord pour dire que quelque chose de mal empêchait la personne de vivre pleinement et avec bonheur. Jésus a su chasser ce mal.

La lèpre

Certaines traductions des Évangiles utilisent le mot « lèpre » pour désigner la maladie de la peau qui faisaient des malades qui en étaient atteints des exclus de la société. De nombreux experts pensent qu'il ne s'agissait pas de la même maladie que celle que nous appelons aujourd'hui « lèpre. » Quoi qu'il en soit, le lien entre Jésus et la lèpre a inspiré de nombreux chrétiens à travers les siècles à employer leurs connaissances médicales dans la lutte contre cette maladie.

Parmi les miracles réalisés par Jésus il y a beaucoup de guérisons. Cependant, dans ces récits, il est souvent question de plus qu'une simple restauration du corps à la santé.

Le pouvoir de Dieu sur le mal

Les Évangiles racontent comment Jésus commandait aux mauvais esprits de laisser les gens tranquilles.

Et voilà que du milieu de la foule un homme s'écria : « Maître, je t'en prie, regarde mon fils car c'est mon unique enfant. Il arrive qu'un esprit s'empare de lui : tout à coup il crie, il le fait se convulser et écumer, et il ne le quitte qu'à grand-peine, en le laissant tout brisé. J'ai prié tes disciples de le chasser, et ils n'ont pas pu. » Prenant la parole, Jésus dit : « Génération incrédule et pervertie, jusqu'à quand serai-je auprès de vous et aurai-je à vous supporter ? Amène ici ton fils. »

À peine l'enfant arrivait-il que le démon le jeta à terre et l'agita de convulsions. Mais Jésus menaça l'esprit impur, il guérit l'enfant et le remit à son père.

Luc 9, 38-42

Un père supplie Jésus de guérir son fils.

Seul un homme, parmi les dix
que Jésus avait guéris, est venu le remercier.

Les exclus et les étrangers

À l'époque de Jésus, ceux qui souffraient de certaines maladies étaient exclus de la société. Jésus en a guéri beaucoup, montrant ainsi qu'il souhaitait qu'ils soient réintégrés dans la communauté.

Dans un de ces récits, l'exclu qui fut guéri était également un étranger. Il s'agissait d'un Samaritain. Les Samaritains étaient un peuple qui habitait une région voisine. La plupart des Juifs les détestaient parce qu'ils croyaient que leurs pratiques religieuses étaient fausses.

Or, comme Jésus faisait route vers Jérusalem, il passa à travers la Samarie et la Galilée. À son entrée dans un village, dix lépreux vinrent à sa rencontre. Ils s'arrêtèrent à distance et élevèrent la voix pour lui dire : « Jésus, maître, aie pitié de nous. »

Les voyant, Jésus leur dit : « Allez vous montrer aux prêtres. »

Or, pendant qu'ils y allaient, ils furent purifiés.

L'un d'entre eux, voyant qu'il était guéri, revint en rendant gloire à Dieu à pleine voix. Il se jeta le visage contre terre aux pieds de Jésus en lui rendant grâce ; or c'était un Samaritain. Alors Jésus dit : « Est-ce que tous les dix n'ont pas été purifiés ? Et les neuf autres, où sont-ils ? Il ne s'est trouvé parmi eux personne pour revenir rendre gloire à Dieu : il n'y a que cet étranger ! » Et il lui dit : « Relève-toi, va. Ta foi t'a sauvé. »

Luc 17, 11-19

Une personne qui ne peut pas marcher est portée sur un brancard dans la grotte de Lourdes.

✠ La guérison

De nombreux chrétiens à travers les siècles se sont engagés à perpétuer l'œuvre de guérison de Jésus. Ils ont fait construire des hôpitaux ou exercé des professions médicales. Jusqu'à ce jour, des chrétiens se trouvent souvent parmi ceux qui apportent l'aide médicale aux régions ravagées par la guerre, la famine ou autres désastres.

Il y a également de nombreux chrétiens qui croient au pouvoir de Dieu de guérir les maladies par un miracle. Certains font des pèlerinages, et parfois il se produit de réelles guérisons. Le site le plus célèbre pour ces pèlerinages est Lourdes, en France. Même ceux qui n'obtiennent pas de guérison physique se disent souvent réconfortés par leurs expériences de l'amour de Dieu lors de ces pèlerinages.

19 Les miracles et la loi

Consulte les sources

La guérison du paralytique :
Marc 2 ; également Matthieu 9 ; Luc 5

Le respect du sabbat :
Marc 3 ; également Matthieu 12 ; Luc 6

La guérison d'un homme né aveugle :
Jean 9

Nicodème :
Jean 3 ; également 7 et 19

Les maisons qui pouvaient accueillir un grand nombre de personnes étaient vraisemblablement constituées d'un ensemble de bâtiments autour d'une cour. Des marches conduisaient à un toit plat, formé de poutres recouvertes de branches et de mortier, ce qui impliquait des réparations fréquentes.

Ce toit plat permettait de stocker des affaires, et de s'asseoir et manger ou de se reposer. Il y avait une loi qui exigeait la construction d'un muret ou un parapet afin que les gens ne tombent pas.

Son pouvoir d'accomplir des miracles n'a pas tardé à provoquer des désaccords profonds entre Jésus et les dirigeants religieux.

Jésus rentra à Capharnaüm et l'on apprit qu'il était à la maison. Et tant de monde s'y rassembla qu'il n'y avait plus de place, pas même devant la porte. Et il leur annonçait la Parole. Arrivent des gens qui lui amènent un paralysé porté par quatre hommes. Et comme ils ne pouvaient l'amener jusqu'à lui à cause de la foule, ils ont découvert le toit au-dessus de l'endroit où il était et, faisant une ouverture, ils descendent le brancard sur lequel le paralysé était couché. Voyant leur foi, Jésus dit au paralysé : « Mon fils, tes péchés sont pardonnés. »

Quelques scribes étaient assis là et raisonnaient en leurs cœurs : « Pourquoi cet homme parle-t-il ainsi ? Il blasphème. Qui peut pardonner les péchés sinon Dieu seul ? »

Connaissant aussitôt en son esprit qu'ils raisonnaient ainsi en eux-mêmes, Jésus leur dit : « Pourquoi tenez-vous ces raisonnements en vos cœurs ? Qu'y a-t-il de plus facile, de dire au paralysé : " Tes péchés sont pardonnés ", ou bien de dire : " Lève-toi, prends ton brancard et marche " ? Eh bien ! afin que vous sachiez que le fils de l'homme a autorité pour pardonner les péchés sur la terre – ", il dit au paralysé : " Je te dis : ' lève-toi, prends ton brancard et va dans ta maison. " »

L'homme se leva, il prit aussitôt son brancard et il sortit.

Marc 2, 1-12

Le respect du sabbat

Les Juifs religieux prenaient grand soin de respecter leurs lois. Un des dix commandements ordonne que l'on ne travaille pas un jour de la semaine, le sabbat. Les maîtres de la Loi – dont beaucoup étaient des Pharisiens l'avaient décrit jusqu'au dernier détail. Jésus a agi autrement :

Il entra de nouveau dans une synagogue ; il y avait là un homme qui avait la main paralysée. Ils observaient Jésus pour voir s'il le guérirait le jour du sabbat ; c'était pour l'accuser. Jésus dit à l'homme qui avait la main paralysée : « Lève-toi ! viens au milieu. » Et il leur dit : « Ce qui est permis le jour du sabbat, est-ce de faire le bien ou de faire le mal ? De sauver un être vivant ou de le tuer ? »

Mais eux se taisaient. Promenant sur eux un regard de colère, navré de l'endurcissement de leur cœur, il dit à cet homme : « Étends la main. » Il l'étendit et sa main fut guérie. Une fois sortis, les Pharisiens tinrent aussitôt conseil avec les Hérodiens contre Jésus sur les moyens de le faire périr.

Marc 3, 1-6

Le pouvoir de Dieu

L'Évangile de Jean nous rapporte un miracle important qui provoqua un désaccord sérieux avec les Pharisiens.

Il y avait un homme qui était aveugle de naissance. Jésus mit de la boue sur ses yeux, et lorsque l'homme les lava, il put voir pour la première fois de sa vie.

Des voisins l'amenèrent aux Pharisiens pour qu'il explique ce qui lui était arrivé, mais ils se mirent en colère. Ils prétendaient que Jésus n'avait pas pu le guérir puisqu'il était pécheur et ne respectait pas la loi concernant le sabbat. L'homme a maintenu son histoire, insistant que Jésus l'avait guéri et rajouta :

« Dieu, nous le savons, n'exauce pas les pécheurs ; mais si un homme est pieux et fait sa volonté, Dieu l'exauce. Jamais on n'a entendu dire que quelqu'un ait ouvert les yeux d'un aveugle de naissance. Si cet homme n'était pas de Dieu, il ne pourrait rien faire. »

Jean 9, 31-33

Les Pharisiens, en colère, expulsèrent l'homme de la synagogue.

Pour beaucoup de chrétiens, le baptême marque une renaissance.

Nicodème

Tous les dirigeants religieux ne détestaient pas Jésus. L'un d'eux, appelé Nicodème, alla le voir sous couvert de la nuit. Jésus lui expliqua que son message était le pardon de Dieu. Certains, ne voyant les choses que par le biais de la Loi, étaient prêts à condamner tous ceux qui ne l'appliquaient pas à la lettre. Jésus lui dit :

« Dieu, en effet, a tant aimé le monde qu'il a donné son Fils, son unique, pour que tout homme qui croit en lui ne périsse pas mais ait la vie éternelle. Car Dieu n'a pas envoyé son Fils dans le monde pour juger le monde, mais pour que le monde soit sauvé par lui. »

Jean 3, 16-17

✠ Né de nouveau

Jésus dit également à Nicodème que s'il voulait entrer au Royaume de Dieu, il devait « naître à nouveau » - recevoir une nouvelle vie par l'eau et l'Esprit de Dieu. Nicodème lui-même resta perplexe, mais beaucoup de chrétiens emploient ce terme pour décrire leur expérience du changement opéré par l'Esprit de Dieu dans leurs vies.

20 Une nourriture miraculeuse

Consulte les sources

Jésus nourrit cinq mille hommes :
Marc 2 ; également Matthieu 9 ; Luc 5

Jésus nourrit quatre mille hommes :
Matthieu 15 ; Marc 18

Les Évangiles racontent qu'à plus d'une occasion, Jésus a fourni de façon miraculeuse un repas à de grandes foules.

Jésus nourrit cinq mille hommes

L'évangile de Jean fait le récit d'une foule d'environ cinq mille hommes qui s'était rassemblée autour de Jésus, attirée par les miracles qu'il faisait en guérissant des malades. Comme Jésus ne voulait pas les renvoyer affamés, il demanda à ses disciples où ils pouvaient se procurer à manger. Les disciples lui répondirent qu'il n'y avait pas d'endroit où ils pouvaient acheter assez de nourriture pour une telle foule, et que de toute façon ils n'avaient pas d'argent.

Un garçon offrit son repas composé de pains et de poissons. Ceux qui passaient la journée dehors emportaient souvent leur repas noué dans un carré de tissu.

La fabrication du pain

À l'époque de Jésus, le pain était cuit en forme de galettes, un peu comme le pain pita que nous connaissons aujourd'hui.

La farine était mélangée avec du sel, de l'huile, de la levure et de l'eau pour faire une pâte, qu'on laissait gonfler. Puis on le rabattait avant de former les galettes.

Cette femme fait cuire du pain sur la paroi chaude d'un four en forme de ruche, comme dans l'antiquité.

Un de ses disciples, André, le frère de Simon-Pierre, lui dit : « Il y a là un garçon qui possède cinq pains d'orge et deux petits poissons ; mais qu'est-ce que cela pour tant de gens ? »

Jésus dit : « Faites-les asseoir. » Il y avait beaucoup d'herbe à cet endroit. Ils s'assirent donc ; ils étaient environ cinq mille hommes. Alors Jésus prit les pains, il rendit grâce et les distribua aux convives. Il fit de même avec les poissons ; il leur en donna autant qu'ils en désiraient.

Jean 6, 8-11

À la fin du repas, les disciples ramassèrent douze paniers qui restaient. Stupéfaits, les gens souhaitaient que Jésus continue à faire d'autres prodiges plus spectaculaires encore et qu'il se désigne comme chef de son peuple. Mais Jésus refusa. Il était déçu que le peuple ne comprenne pas la signification de ses miracles. Il leur dit :

« Il faut vous mettre à l'œuvre pour obtenir non pas cette nourriture périssable, mais la nourriture qui demeure en vie éternelle. »

Jean 6, 27

Il expliqua qu'il était lui-même ce pain de vie éternelle.
Ceux qui voulaient plaire à Dieu et trouver la vie éternelle devaient croire en lui. Le but de son miracle n'était pas de distribuer gratuitement de nourriture, mais d'illustrer quelque chose de bien plus important.

Jésus nourrit quatre mille hommes

Les Évangiles de Matthieu et de Marc racontent ailleurs une autre occasion où Jésus a nourri quatre mille hommes. Ces récits ressemblent à ceux dans lesquels il en a nourri cinq mille. Lors du miracle du repas des quatre mille, les disciples commencent avec sept miches de pain et quelques petits poissons. À la fin ils remplissent sept paniers avec les restes.

Cette mosaïque ancienne où figurent des pains et des poissons se trouve dans une église en Galilée.

21 L'apaisement de la mer

Consulte les sources

L'orage sur le lac :
Matthieu 8 ; Marc 4 ; Luc 8

Jésus marche sur l'eau :
Matthieu 14 ; Marc 6 ; Jean 6

Le pouvoir de la foi :
Luc ; également Matthieu 17

Les Forces sombres :
Psaume 46

Cette mosaïque apparaissant sur la chaussée de la ville de Magdala en Galilée, représente un bateau de pêche. Elle date à peu près de l'époque de Jésus.

Certains des miracles de Jésus montrent son pouvoir sur les forces naturelles.

L'orage sur le lac

Un soir, Jésus demanda à ses disciples de l'amener avec eux par bateau jusqu'à l'autre côté du lac. Le soleil était couché et la nuit commençait à tomber.

Tout à coup, un vent violent se leva et des vagues se mirent à envahir le bateau, menaçant de le remplir d'eau. Jésus était au fond du bateau, en train de dormir, la tête posée sur un oreiller. Les disciples le réveillèrent, disant : « Maître, cela ne te fait rien que nous périssions ? »

Jésus se leva et ordonna au vent, « Silence ! » et aux vagues, « Tais-toi ! » Ensuite il s'adressa aux disciples : « Pourquoi avez-vous si peur ? Pourquoi manquez vous de foi ? »

Les disciples avaient encore plus peur. Qui était Jésus, s'il pouvait obliger les forces sombres du vent et des vagues à lui obéir ?

Jésus marche sur l'eau

À une autre occasion, les disciples de Jésus embarquèrent sur un bateau alors que Jésus était resté sur la rive du lac. Plus tard le temps devint

Cette image tente de montrer à quoi aurait pu ressembler les bateaux au temps de Jésus. La coque (sur la photo à droite) a été endommagée au fil des ans.

Le « bateau de Jésus »

Les restes d'un bateau ont été trouvés dans le lac de Galilée en 1985. L'expertise montre qu'il a très probablement été construit à l'époque de Jésus. Il se peut qu'il ait coulé au cours d'un orage sur le lac ou bien qu'il ait été détruit délibérément lorsque les Romains ont essayé d'écraser une rébellion juive. Quoi qu'il en soit, il est probable que le bateau dans lequel Jésus navigua ressemblait à celui-ci. Le bateau retrouvé mesure environ 8 mètres de long et un peu plus de 2 mètres de large. Il est constitué de planches de cèdre et de chêne.

orageux, et au milieu de l'orage Jésus traversa l'eau à pieds pour les rejoindre. Lorsqu'ils le virent marcher sur l'eau, ils furent terrifiés. Pierre demanda à Jésus de lui permettre de le rejoindre.
Il fit quelques pas, lui aussi, sur l'eau, puis il fut pris de panique et commença à sombrer. « Seigneur, sauve-moi ! » cria-t-il.

Aussitôt Jésus lui tendit la main et le saisit en lui disant : « Homme de peu de foi, pourquoi as-tu douté ? »

Puis ils montèrent tous les deux dans le bateau et le vent tomba.

Les disciples furent émerveillés. Ils étaient convaincus désormais que Jésus était le Fils de Dieu.

Le pouvoir de la foi

Dans l'histoire de l'orage et celle de la promenade sur l'eau, Jésus semble surpris par le manque de foi de ses disciples. Un jour, les disciples lui demandèrent d'augmenter leur foi et Jésus leur répondit ainsi :

« Si vraiment vous aviez de la foi gros comme une graine de moutarde, vous diriez à ce sycomore : " Déracine-toi et va te planter dans la mer ", et il vous obéirait. »

Luc 17, 6

C'était sa façon de dire que ceux qui croient vraiment en Dieu seraient capables de faire des choses incroyables.

Les Forces sombres

Les Juifs n'étaient pas des marins. Dans leurs contes traditionnels, les eaux étaient plutôt houleuses et symbolisaient les forces sombres du chaos et du mal. En entendant l'histoire de Jésus qui calme l'orage sur le lac, les auditeurs comprenaient que Jésus était quelqu'un qui pouvait calmer toutes les forces sauvages ou terrifiantes de ce monde.

Le psaume suivant de la Bible hébraïque témoigne d'une conviction profonde que Dieu protège les hommes des forces sauvages :

« Dieu est pour nous un refuge et un fort, un secours toujours offert dans la détresse. Aussi nous ne craignons rien quand la terre bouge, et quand les montagnes basculent au cœur des mers. Leurs eaux grondent en écumant, elles se soulèvent et les montagnes tremblent. »

Psaume 46, 1-4

22 L'appel de la mort à la vie

Consulte les sources

La fille de Jaïre :
Marc 5 ; également Matthieu 9 ; Luc 8

La langue de Jésus :
Marc 5, 7 15 ; également Matthieu 27

✠ Des objets saints

L'histoire sur cette page raconte comment une femme fut guérie en touchant le manteau de Jésus. Au Moyen Âge, les objets que l'on croyait avoir été en contact avec Jésus ou une autre personne sainte étaient considérés comme capables de guérir ceux qui les touchaient.

Vaincre la mort est la seule chose que l'homme n'est pas en mesure de faire. Les récits dans lesquels Jésus ressuscita des morts sont sûrement les plus surprenants.

La fille de Jaïre

Jaïre, qui était le chef de la synagogue locale, avait une fille qui était très malade. Lorsqu'il entendit que Jésus était venu dans le village, il se précipita pour le trouver.

Jésus accepta de venir à son secours, mais il ne put arriver à temps car la foule l'en empêchait. Les gens le serraient en effet à l'étouffer. Une femme toucha le manteau de Jésus, espérant ainsi être guérie. Jésus, sentant qu'une force était sortie de lui, s'arrêta pour parler à cette femme. Il venait de la guérir d'une maladie qui l'avait fait souffrir depuis de nombreuses années.

Jaïre était fou d'inquiétude. Pourquoi Jésus ne se dépêchait-il pas ? Puis un serviteur arriva avec la pire des nouvelles : sa fille venait de mourir.

« Sois sans crainte ; crois seulement » dit Jésus.

Grandir à l'époque de Jésus

La fille de Jaïre avait douze ans. À cet âge elle n'était plus considérée comme une enfant : c'était l'âge auquel beaucoup de jeunes filles se mariaient.

Alors que la plupart des garçons allaient à l'école pour apprendre à lire et écrire l'hébreu, les filles restaient généralement à la maison. Elles s'initiaient aux tâches ménagères : la préparation des repas – comment moudre le blé, jardiner, chercher de l'eau au puits, filer la laine, tisser et coudre des vêtements, amener les produits du jardin au marché afin de gagner de l'argent pour le foyer, et s'occuper des bébés et des jeunes enfants.

Il était de coutume à cette époque de payer des pleureuses professionnelles qui venaient chanter des chants de lamentations devant la maison du défunt.

Lorsqu'ils arrivèrent à la maison, les pleureuses professionnelles étaient déjà venues pour chanter leurs chants de lamentation. Jésus les renvoya, puis il entra avec Jaïre et sa femme, Pierre, Jacques et Jean.

Il entra dans la pièce où la fille était couchée, la saisit par la main et lui dit : « Talitha qoum », ce qui veut dire : « Fillette, je te le dis, réveille-toi ! »

Elle se leva aussitôt.

La langue de Jésus

Dans l'histoire de la résurrection de la fille de Jaïre, l'évangéliste cite les mots employés par Jésus, « Talitha qoum ». Il existe quelques citations dans cet évangile de paroles censées avoir été prononcées par Jésus. La phrase la plus célèbre est celle dite par Jésus lors de sa crucifixion :

Et à trois heures, Jésus cria d'une voix forte : « Eloï, Eloï, lama sabaqthani ? » ce qui signifie : « Mon Dieu, mon Dieu, pourquoi m'as-tu abandonné ? »

Marc 15, 34

Ces mots sont en araméen, qui appartient à la même famille de langues que l'hébreu. C'est une des raisons pour laquelle la majorité des experts pensent que la langue de tous les jours pour Jésus était l'araméen. Il est fort probable qu'il comprenait le latin, qui était la langue officielle de l'empire romain et donc utilisée par les fonctionnaires. Cependant, la langue la plus courante à travers l'empire était le grec, et il est probable que Jésus le maîtrisait également.

23 Lazare

Consulte les sources

Le but des miracles :
Matthieu 16 ; Marc 8

Lazare :
Jean 11

Marie et Marthe :
Luc 10

Parmi les amis de Jésus il y avait une famille dans laquelle il y avait deux sœurs, Marie et Marthe, et leur frère, Lazare. Ils habitaient un village appelé Béthanie, près de Jérusalem.

Lorsque Jésus apprit que Lazare était malade, il voulut s'y rendre pour le secourir. Il y alla cependant sans se hâter. Une fois arrivé sur place, il apprit que Lazare était déjà mort. Jésus dit à ses disciples :

« Lazare est mort, et je suis heureux pour vous de n'avoir pas été là, afin que vous croyiez. Mais allons à lui ! »
Jean 11, 14-15

Marie et Marthe sont stupéfaites de voir Lazare sortir du tombeau.

Le but des miracles

Les Pharisiens vinrent un jour demander à Jésus de faire un miracle afin d'avoir la preuve qu'il avait le soutien de Dieu. Jésus refusa. Mais dans l'histoire de Lazare, Jésus semble souhaiter que les disciples voient quelque chose qui les aiderait à croire en lui. Jésus semble vouloir dire que les miracles servent à aider ceux qui croient et non pas comme démonstration ou spectacle pour ceux qui ne croient pas.

Les coutumes funéraires

Le climat du pays où Jésus vivait était chaud, et de ce fait il était impératif d'enterrer les morts aussi rapidement que possible, avant que le corps ne commence à se décomposer. On enveloppait le corps de bandes de tissu et on le portait sur un brancard jusqu'au tombeau.

Ils s'agissait d'une grotte dans laquelle se trouvaient des banquettes où l'on posait les corps. On roulait une pierre devant la porte.

Après un an ou davantage, lorsque le corps était décomposé, on sortait les os pour les déposer dans un ossuaire.

Cet ossuaire en pierre est typique de ceux utilisés à l'époque de Jésus. Les noms de Marie et de Joseph y sont inscrits, mais il n'y a aucun moyen de savoir s'il s'agit réellement de la famille de Jésus.

Cette photo montre l'entrée de ce qui est connu comme le « tombeau de Lazare ». De nombreux pèlerins le visitent de nos jours. Il ressemble à une grotte creusée dans un rocher, avec des escaliers qui mènent à une pièce souterraine.

Lorsqu'ils s'approchèrent, ils entendirent que Lazare avait été enterré quatre jours plus tôt. Marthe sortit accueillir Jésus et ses compagnons.

Marthe dit à Jésus : « Seigneur, si tu avais été ici, mon frère ne serait pas mort. Mais maintenant encore, je sais que tout ce que tu demanderas à Dieu, Dieu te le donnera. »

Jésus lui dit : « Ton frère ressuscitera. »

« Je sais, répondit-elle, qu'il ressuscitera lors de la résurrection, au dernier jour. » Jésus lui dit : « Je suis la Résurrection et la Vie : celui qui croit en moi, même s'il meurt, vivra ; et quiconque vit et croit en moi ne mourra jamais. Crois-tu cela ? »

« Oui, Seigneur, répondit-elle, je crois que tu es le Christ, le Fils de Dieu, Celui qui vient dans le monde. »

Jean 11, 21-27

Jésus arriva et trouva Marie en pleurs. Beaucoup de gens essayaient de consoler les deux sœurs. Les accompagnant vers le tombeau, Jésus lui-même pleura.

Le tombeau était une grotte fermée avec une pierre qui servait de porte. Au grand étonnement de tous, il ordonna qu'on enlève la pierre. Puis il appela Lazare… qui sortit, enveloppé de bandes et le visage recouvert d'un linge mortuaire.

Marie et Marthe

Luc raconte une autre histoire dans laquelle Jésus avait rendu visite à Marie et à Marthe.

Marie s'assit aux pieds de Jésus, impatiente d'entendre son enseignement. Marthe était affairée car il y avait beaucoup de choses à préparer afin de recevoir convenablement les invités.

En voyant que sa sœur lui laissait tout faire, Marthe se mit en colère.
Elle vint demander à Jésus de dire à Marie de l'aider. Jésus lui répondit :

« Marthe, Marthe, tu t'inquiètes et t'agites pour bien des choses. Une seule est nécessaire. C'est bien Marie qui a choisi la meilleure part ; elle ne lui sera pas enlevée. »

Luc 10, 41-42

24 Jésus et son enseignement

Consulte les sources

Des paraboles énigmatiques :
Matthieu 11, 13 ; Marc 4, 7 ; Luc 8, 14

C'est quoi, le Royaume des cieux ? :
Matthieu 7 ; Luc 13

Un grand festin :
Luc 14 ; également Matthieu 22

Le Royaume des cieux :
Matthieu 13 ; Marc 4 ; Luc 13

Être comme un enfant :
Matthieu 19 ; Marc 10 ; Luc 18

Des paraboles énigmatiques

Que signifient les paraboles de Jésus ? Il ne les a presque jamais expliquées. En effet, il disait que seuls les disciples seraient capables de comprendre le vrai sens des paraboles… et même eux se posaient souvent des questions !

Jésus dit, « Celui qui a des oreilles pour entendre, qu'il entende. »

Jésus n'était pas particulièrement soucieux que les gens remarquent ses miracles. Il souhaitait surtout qu'ils écoutent ce qu'il avait à dire. Il parlait souvent d'un nouveau royaume :

À partir de ce moment, Jésus commença à proclamer : « Convertissez-vous : le Règne des cieux s'est approché. »

Matthieu 4, 17

Parfois il le dit autrement :

Mais il leur dit : « Aux autres villes aussi il me faut annoncer la Bonne Nouvelle du Règne de Dieu, car c'est pour cela que j'ai été envoyé. »

Luc 4, 43

C'est quoi, le Royaume des cieux ?

Le Royaume des cieux, dit Jésus, est ici et maintenant. Ceux qui appartiennent à ce royaume sont ceux qui font « la volonté de mon Père qui est aux cieux ».

Des pauvres au festin de l'homme riche.

Vivre en obéissant à Dieu, prévient Jésus, n'est pas facile, et il n'y a pas beaucoup de gens qui le font véritablement.

« Entrez par la porte étroite. Large est la porte et spacieux le chemin qui mène à la perdition, et nombreux ceux qui s'y engagent ; combien étroite est la porte et resserré le chemin qui mène à la vie, et peu nombreux ceux qui le trouvent. »

Matthieu 7, 13-14

Le Royaume des cieux

Des mauvaises herbes
Jésus dit que le Royaume des cieux est comparable à un champ où un homme a semé du bon grain. Dans la nuit son ennemi vint et éparpilla des graines de mauvaises herbes. Les bonnes et les mauvaises plantes poussèrent ensemble. Ce n'est qu'au temps de la moisson qu'il a pu ramasser les bons grains et jeter les mauvais.

Du levain
Jésus dit que le Royaume des cieux est comparable à du levain dont une femme en rajoute un petit peu à une grande quantité de farine pour faire lever toute la masse.

Une graine de moutarde
Jésus dit que le Royaume des cieux est comparable à un minuscule grain de moutarde : il devient un arbre, si grand que les oiseaux viennent faire leurs nids dans ses branches.

Un Trésor
Jésus dit que le Royaume des cieux est comparable à un trésor qu'un homme découvre enterré dans un champ : lorsqu'il le trouve, il le cache à nouveau et met en vente tout ce qu'il possède afin d'acheter ce champ.

Une perle
Jésus dit que le Royaume des cieux est comparable à un chercheur de perles : lorsqu'il trouve la plus belle qu'il ait jamais vue, il s'en va et met en vente tout ce qu'il a pour l'acheter.

Un filet
Jésus dit que le Royaume des cieux est comparable à la pêche : les pêcheurs lancent leurs filets et les ramènent pleins de poissons. Puis ils font le tri, gardant les bons et jetant les mauvais.

Jésus raconta une histoire pour prévenir ceux qui l'écoutent des conséquences pour ceux qui ne répondent pas à l'invitation de Dieu :

« Un homme allait donner un grand dîner, et il invita beaucoup de monde. À l'heure du dîner, il envoya son serviteur dire aux invités : " Venez, maintenant c'est prêt ". Alors ils se mirent à s'excuser tous de la même façon. Le premier lui dit : " Je viens d'acheter un champ et il faut que j'aille le voir ; je t'en prie, excuse-moi ". Un autre dit : " Je viens d'acheter cinq paires de bœufs et je pars pour les essayer ; je t'en prie, excuse-moi ". Un autre dit : " Je viens de me marier, et c'est pour cela que je ne puis venir ".

À son retour, le serviteur rapporta ces réponses à son maître. Alors, pris de colère, le maître de maison dit à son serviteur : " Va-t'en vite par les places et les rues de la ville, et amène ici les pauvres, les estropiés, les aveugles et les boiteux ". Puis le serviteur vint dire : " Maître, on a fait ce que tu as ordonné, et il y a encore de la place ". Le maître dit alors au serviteur : " Va-t'en par les routes et les jardins, et force les gens à entrer, afin que ma maison soit remplie. Car, je vous le dis, aucun de ceux qui avaient été invités ne goûtera de mon dîner ". »

Luc 14, 16-24

Être comme un enfant

Jésus disait que les enfants étaient chez eux dans le Royaume des cieux. Un jour, des gens amenèrent leurs enfants à Jésus et lui demandèrent de les bénir. Les disciples voulaient les renvoyer en disant que Jésus était trop occupé. Jésus rappela ces gens et leur dit :

« Laissez faire ces enfants, ne les empêchez pas de venir à moi, car le Royaume des cieux est à ceux qui sont comme eux. »

Matthieu 19, 14

25 Ceux qui entendent et qui mettent en pratique

Consulte les sources

La parabole du semeur :
Matthieu 13, Marc 4, Luc 8

Des champs aux alentours du Lac de Galilée. Ceux qui écoutaient la parabole du Semeur connaissaient certainement ce genre de paysage où de grandes herbes poussent sur le sol pierreux.

Jésus dit que tous les gens ne réagissent pas de la même façon quand ils entendent parler du Royaume de Dieu.

La parabole du semeur

Il leur dit beaucoup de choses en paraboles. « Voici que le semeur est sorti pour semer. Comme il semait, des grains sont tombés au bord du chemin ; et les oiseaux du ciel sont venus et ont tout mangé. D'autres sont tombés dans les endroits pierreux, où ils n'avaient pas beaucoup de terre ; ils ont aussitôt levé parce qu'ils n'avaient pas de terre en profondeur ; le soleil étant monté, ils ont été brûlés et, faute de racine, ils ont séché. D'autres sont tombés dans les épines ; les épines ont monté et les ont étouffés. D'autres sont tombés dans la bonne terre et ont donné du fruit, l'un cent, l'autre soixante, l'autre trente.

Entende qui a des oreilles ! »

Matthieu 13, 3-9

Après avoir été semées, les graines sont enfouies dans le sol à l'aide d'une charrue

Cette parabole est l'une des rares que Jésus a expliquée, non pas à la foule, mais à ses disciples.

Les grains représentent ceux qui entendent Jésus lorsqu'il parle du Royaume.

Certaines personnes sont comme le chemin sur lequel tombe le grain : elles entendent les paroles mais ne comprennent pas leur sens. D'autres personnes sont comme le sol pierreux : elles entendent le message et le comprennent. Elles commencent même à changer de vie. Cependant, quand la vie devient difficile, elles laissent tomber.

D'autres encore sont comme les épines : elles croient ce qu'elles entendent, mais les soucis de la vie quotidienne et l'amour de la richesse les empêchent d'agir d'une manière réellement différente.

« Celui qui a été ensemencé dans la bonne terre,
c'est celui qui entend la Parole et comprend :
alors, il porte du fruit et produit l'un 100,
l'autre 60, l'autre 30. »

Matthieu 13, 23

Semer des graines

À l'époque de Jésus, on semait le grain comme cela est décrit dans la parabole. Voici un poème sur le cycle annuel agricole qui lui-même est inspiré d'un poème ancien que Jésus connaissait peut être :

Deux mois pour récolter les olives,
Puis deux mois pour semer le grain,
Et deux mois pour les semences tardives
Tout au long des pluies d'hiver.

Un mois pour sarcler le lin
Et le laisser sécher au soleil.
Un mois pour ramasser l'orge
Une fois la moisson commencée.

Un mois pour ramasser les gerbes de blé
Et festoyer avec joie et humour.
Deux mois pour s'occuper des vignes
Qui donne leur vin à toute la terre.

Un mois pour ramasser les fruits d'été
Qui dans la chaleur ont mûri.
Rendons grâce à Dieu qui fit le monde,
La terre qui nous nourrit.

Cette comptine a été adaptée du texte qui figure sur la pierre, plus connue sous le nom le « Calendrier de Gézer », qui remonte à l'époque de Salomon, le fils du roi David, des siècles avant la naissance de Jésus.

26 Un Royaume où tous sont égaux

Consulte les sources

Les lois anciennes :
Deutéronome 17

Le premier et le dernier :
Matthieu 20

Places d'honneur à un festin :
Luc 14

Les fils du tonnerre :
Marc 10 ; également Matthieu 20

Le plus grand dans le Royaume :
Matthieu 18 ; également Marc 9 ; Luc 9

Les lois anciennes

L'idée que tous sont égaux aux yeux de Dieu n'était pas nouvelle. Les écritures qui étaient connues de Jésus rappelaient fréquemment aux peuple juif que leurs ancêtres avaient été des esclaves en Égypte longtemps auparavant. Par conséquent, ils ne devaient pas mépriser ceux qu'ils considéraient comme des exclus. Même le roi devait obéir à ce précepte :

« Et quand il sera monté sur son trône royal, il écrira pour lui-même dans un livre une copie de cette Loi…. Elle restera auprès de lui, et il la lira tous les jours de sa vie, pour apprendre à craindre le Seigneur son Dieu en gardant, pour les mettre en pratique, toutes les paroles de cette Loi, et toutes ses prescriptions, sans devenir orgueilleux devant ses frères ni s'écarter à droite ou à gauche du commandement, afin de prolonger, pour lui et ses fils, les jours de sa royauté au milieu d'Israël. »

Deutéronome 17, 17-20

Ce que Jésus dit à propos du Royaume peut paraître énigmatique. Cependant, les chrétiens croient que Jésus annonce la bonne nouvelle d'un Dieu d'une générosité sans faille qui traite tous les hommes et les femmes comme ayant la même valeur. Ceux qui n'aiment pas en entendre parler sont ceux qui se croient meilleur que les autres !

Le premier et le dernier

Jésus enseignait que le Royaume des cieux ressemble à ceci :

Un homme riche possédait un vignoble. Au moment des vendanges, il descendit à la place du marché tôt le matin pour trouver des ouvriers qui cherchaient du travail. Il en trouva quelques uns et ils se mirent d'accord pour un salaire d'une pièce d'argent. À neuf heures, il se rendit compte qu'il avait besoin d'ouvriers supplémentaires, et il alla en embaucher d'autres en leur promettant un salaire juste. Il en fit de même à midi, puis à quinze heures et à dix-sept heures.

À dix-huit heures sonna la fin du travail. Les ouvriers qui avaient commencé à dix-sept heures reçurent une pièce d'argent. Il en fut de même pour tous les autres, y compris ceux qui avaient été embauchés à l'aube. Ceux-ci se mirent à protester.

Le propriétaire répondit à l'un d'eux : « Écoute, je ne te fais pas de tort ; n'étais-tu pas d'accord de faire une journée de travail pour une pièce d'argent ? Emporte ce qui est à toi et rentre chez toi. Je veux donner à cet homme embauché en dernier autant qu'à toi. N'ai-je pas le droit de faire ce que je veux avec mon propre argent ? Es-tu jaloux parce que je suis généreux ? »

Puis Jésus conclut : « Ainsi les derniers seront premiers, et les premiers seront derniers. »

Places d'honneur à un festin

Une fois, Jésus remarqua comment certains invités à un festin essayaient de choisir les meilleures places pour eux-mêmes. Il les mit en garde, car il se pouvait que quelqu'un de plus important qu'eux soit attendu. Ils auraient honte et seraient tout confus lorsqu'il leur faudrait changer de place. Jésus leur donna ce conseil : « Quand tu es invité, va te mettre à la dernière place, afin qu'à son arrivée ton hôte te dise : " Mon ami, avance plus haut ". Alors ce sera pour toi un honneur devant tous les autres invités. Car tout homme qui s'élève sera abaissé et celui qui s'abaisse sera élevé. »

Les fils du tonnerre

La mère de Jacques et de Jean demanda à Jésus de veiller à ce que ses fils aient de bonnes places dans son Royaume. Jésus répondit que Dieu seul pouvait en décider. Les autres disciples étaient fâchés à l'idée que deux d'entre convoitaient les meilleures places. Jésus les avertit :

« Si quelqu'un veut être grand parmi vous, qu'il soit votre serviteur.
Et si quelqu'un veut être le premier parmi vous, qu'il soit l'esclave de tous.
Car le fils de l'homme est venu, non pour être servi, mais pour servir
et donner sa vie en rançon pour la multitude. »

Marc 10, 43-45

Le plus grand dans le Royaume

Un jour, les disciples vinrent à Jésus et lui demandèrent : « Qui est le plus grand dans le Royaume des cieux ? »

Jésus appela un enfant à venir et se tenir devant eux. Il dit à ses disciples qu'il leur fallait devenir comme les enfants avant d'entrer dans le Royaume :

« Celui-là donc qui se fera petit comme cet enfant, voilà le plus grand dans le Royaume des cieux. »

Matthieu 18, 4

Du temps de la Bible, les enfants fabriquaient eux-mêmes leurs jouets avec des matériaux simples. Ce jeu, dont le plateau est taillé dans un bloc de pierre, se joue avec des petits cailloux.

✠ Vivre en toute égalité

Inspirées par l'enseignement de Jésus sur l'égalité, certaines communautés de chrétiens font tout ce qu'elles peuvent pour éviter que les uns paraissent plus importants que les autres. Même ceux qui ont des responsabilités dans l'Église n'ont pas de titres qui impliquent qu'ils sont élevés au-dessus des autres.

Ces jeunes filles Amish sont habillées d'une façon presque identique. Ce code vestimentaire reflète le désir de vivre simplement et en toute égalité.

Ils ont plutôt tendance à s'appeler simplement « frère » ou « sœur ». Certaines communautés de chrétiens ont également des règles très strictes concernant la vie quotidienne afin d'être tous égaux. C'est le cas par exemple, des groupes anabaptistes en Amérique du Nord – les Mennonites, les Amish et les Hutterites. La plupart d'entre eux ont choisi de suivre le code vestimentaire établi aux XVIe ou XVIIe siècle qui stipule une gamme très réduite de styles et de couleurs. À travers les siècles, leur foi profonde et leur engagement ont suscité le respect.

27 Les riches et le Royaume

Consulte les sources

Qui est heureux ?
Matthieu ; Marc ; Luc ; Jean

Les amis riches de Jésus :
Matthieu ; Marc ; Luc ; Jean

le jeune homme riche :
Matthieu ; Marc ; Luc ; Jean

Une parabole sur la richesse :
Matthieu ; Marc ; Luc ; Jean

Ne vous inquiétez pas :
Matthieu 6 ; Luc 12

Qui est heureux ?

Jésus dit un jour :

« Heureux, vous les pauvres : le Royaume de Dieu est à vous. Heureux, vous qui avez faim maintenant : vous serez rassasiés. Heureux, vous qui pleurez maintenant : vous rirez. Mais malheureux, vous les riches : vous tenez votre consolation. Malheureux, vous qui êtes repus maintenant : vous aurez faim. Malheureux, vous qui riez maintenant : vous serez dans le deuil et vous pleurerez. »

Luc 6, 20-21.24-25

Les amis riches de Jésus

Il y avait des riches dans l'entourage de Jésus. Luc dit qu'il y avait plusieurs femmes fortunées, y compris Jeanne et Suzanne, qui firent don de leur propre argent pour permettre à Jésus et ses disciples de poursuivre leur travail de prédication et d'enseignement.

Est-ce possible à un homme riche de faire partie du Royaume de Dieu ? Ce n'est pas facile, dit Jésus. Il donna de nombreux avertissements aux gens fortunés, les mettant en garde que leurs richesses pourraient facilement les détourner de tout ce qui a une valeur durable.

« Ne vous amassez pas de trésors sur la terre, où les mites et les vers font tout disparaître, où les voleurs percent les murs et dérobent. Mais amassez-vous des trésors dans le ciel, où ni les mites ni les vers ne font de ravages, où les voleurs ne percent ni ne dérobent. Car où est ton trésor, là aussi sera ton cœur. »

Matthieu 6, 19-21

Le jeune homme riche

Un jour, un jeune homme riche vint à Jésus pour lui demander ce qu'il devait faire pour avoir la vie éternelle. Après avoir vérifié que ce jeune homme savait déjà qu'il fallait respecter tous les commandements de Dieu et vivre convenablement, Jésus lui dit qu'il lui restait encore une chose à faire : vendre tout ce qu'il possédait et donner l'argent aux pauvres, puis se joindre à Jésus et à ceux qui le suivaient.

Le jeune homme ne se sentait pas capable de le faire. Et même les disciples furent surpris par ce que Jésus dit ensuite :

Regardant autour de lui, Jésus dit à ses disciples : « Qu'il sera difficile à ceux qui ont les richesses d'entrer dans le Royaume de Dieu ! » Les disciples étaient déconcertés par ces paroles. Mais Jésus leur répète : « Mes enfants, qu'il est difficile d'entrer dans le Royaume de Dieu ! Il est plus facile à un chameau de passer par le trou d'une aiguille qu'à un riche d'entrer dans le Royaume de Dieu. »

Marc 10, 23-25

Une parabole sur la richesse

Jésus racontait l'histoire suivante pour illustrer les dangers de l'argent.

Il était une fois un homme riche. Ses terres avaient produit une bonne récolte. Puis un détail commença à l'inquiéter : il n'avait pas assez de greniers pour stocker toutes ses récoltes. Que pouvait-il faire ? Comment pouvait-il préserver sa richesse ?

Puis il eût une idée : « Je ferai détruire mes greniers pour en faire construire des plus grands ! dit-il. Ensuite je pourrai me dire : " Que tu es fortuné : tu as tout ce qu'il faut pour de longues années. Profite donc de la vie, mange, bois et fais-toi plaisir " ».

Mais le soir même il mourut.

Il était riche pour le monde, mais pas aux yeux de Dieu.

Les ruines d'une villa qui appartenait à une famille aisée vivant à l'époque de Jésus, ont été découvertes à Jérusalem. La bâtisse avait des chambres somptueuses et des mosaïques en recouvraient le sol. Les propriétaires pouvaient s'offrir de la vaisselle et des verres raffinés. Il est certain qu'ils avaient également les moyens de s'habiller luxueusement, peut-être même avec des vêtements de style romain s'ils le souhaitaient.

Ces très belles poteries font partie d'une collection d'objets trouvée dans la villa à Jérusalem. Jésus demande expressément à ses fidèles de ne pas accumuler trop de biens matériels.

Ne vous inquiétez pas

Le problème de fond avec la richesse, dit Jésus, est qu'elle lie les gens aux soucis du monde et à tout ce dont ils ont besoin ou qu'ils désirent, les empêchant ainsi de ce soucier de ce qui compte réellement aux yeux de Dieu.

" Regardez les oiseaux, dit Jésus : ils ne sèment ni ne moissonnent et pourtant Dieu leur fournit toute la nourriture dont ils ont besoin.

" Observez les fleurs, poursuit-il : elles ne travaillent pas pour se fabriquer des vêtements et pourtant les pétales qu'elles portent pendant le court instant qu'elles fleurissent sont plus belles que tout ce porterait même un roi.

" Occupez-vous davantage du Royaume de Dieu et de ce qu'il demande que de toute autre chose, et Dieu vous donnera toutes ces choses. "

Beaucoup d'heures de travail étaient nécessaires à la confection de simples tuniques en lin (à commencer par la récolte des plantes de lin).

28 La prière

Consulte les sources

La prière du Seigneur :
Luc 11 ; Matthieu 6

L'importance du pardon :
Matthieu 18

La prière du Seigneur

La prière enseignée par Jésus est la plus répandue dans la foi chrétienne. Appelée « le Notre Père », elle est récitée par les chrétiens du monde entier.

Voici la version la plus courante aujourd'hui :

Notre Père qui es aux cieux,
Que ton nom soit sanctifié,
Que ton règne vienne,
Que ta volonté soit faite,
Sur la terre comme au ciel.
Donne-nous aujourd'hui
Notre pain de ce jour.
Pardonne-nous nos offenses,
Comme nous pardonnons aussi
À ceux qui nous ont offensés.
Et ne nous soumets pas
à la tentation,
Mais délivre-nous du mal.

Il existe une suite traditionnelle de cette prière qui est récitée depuis des siècles par certains chrétiens :

Car c'est à Toi qu'appartiennent,
le règne, la puissance et la gloire,
pour les siècles des siècles.
Amen.

Les Évangiles disent que Jésus se levait souvent avant le soleil pour aller prier dans la solitude : il consacrait du temps pour parler à Dieu.

Lorsque les disciples de Jésus se sont rendus compte de ce qu'il faisait, ils demandèrent à Jésus de leur apprendre à prier, comme Jean le Baptiste l'avait enseigné aux siens. Jésus leur donna cette prière :

" Père, Fais connaître à tous qui tu es, Fais venir ton Règne, Donne-nous le pain dont nous avons besoin pour chaque jour, Pardonne-nous nos péchés, car nous-mêmes nous pardonnons à tous ceux qui ont des torts envers nous, Et ne nous conduis pas dans la tentation ".

Luc 11, 2-4

Matthieu nous transmet la même prière, avec quelques petites différences. Cette prière est courte, explique Jésus, mais elle suffit.

« Notre Père qui es aux cieux, fais connaître à tous qui tu es, fais venir ton Règne, fais se réaliser ta volonté sur la terre à l'image du ciel. Donne-nous aujourd'hui le pain dont nous avons besoin, pardonne-nous nos torts envers toi, comme nous-mêmes nous avons pardonné à ceux qui avaient des torts envers nous, et ne nous conduis pas dans la tentation, mais délivre-nous du Tentateur. »

Matthieu 6, 9-13

Au cœur de la prière se trouve l'idée que ce monde sera celui de Dieu, et que tous vivront selon la volonté de Dieu, et seront prêts à confesser ou à pardonner toute mauvaise action.

L'importance du pardon

Le serviteur implora pour obtenir le pardon qui lui fut accordé.

Un jour, Pierre vint à Jésus et lui posa cette question : « Si quelqu'un me fait du tort, combien de fois dois-je lui pardonner ? Jusqu'à sept fois ? »

« Non, répondit Jésus, non pas sept fois, mais jusqu'à 70 fois 7 fois, car le Royaume des cieux est comme ceci :

« Il était une fois un roi qui voulut vérifier les dettes que ses serviteurs avaient envers lui. Il découvrit que l'un d'eux lui devait plusieurs milliers de pièces d'argent. Le roi demanda à le voir et réclama son argent.

« " Mais je ne peux pas payer ! " supplia le serviteur.

« " Alors tu seras puni " déclara le roi, et il donna l'ordre de le vendre comme esclave ainsi que sa femme et ses enfants.

« " Prends patience envers moi, accordes-moi du temps et je te rembourserai tout. "

« " Ses larmes provoquèrent la pitié du roi, qui lui pardonna sa dette et le relâcha.

« Cet homme chercha ensuite un de ses compagnons dont il se souvenait qu'il lui devait 100 pièces d'argent. Il le prit à la gorge et le serrait à l'étrangler, en lui disant " Rembourse ce que tu dois, et vite ! " réclama-t-il.

« " Prends patience envers moi, supplia cet autre serviteur, accordes-moi du temps et je te rembourserai tout. "

« Mais le premier était sans pitié. Il fit jeter le malheureux en prison.

« Lorsque le roi apprit ce qui était arrivé, il fut très en colère. " Tu aurais dû avoir pitié de cet homme comme j'ai eu pitié de toi, expliqua-t-il, mais maintenant je te ferai jeter en prison jusqu'à ce que tu me rembourses tout. "

Jésus conclut : « C'est ainsi que mon Père céleste vous traitera, si chacun de vous ne pardonne pas à son frère du fond du cœur. »

✠ Pater Noster

Une église a été construite sur le site où, selon l'avis de beaucoup, Jésus avait enseigné aux disciples le Notre Père. Sur ses murs sont inscrites les paroles de la prière en plusieurs langues. Une des versions est en latin et commence avec les mots célèbres « Pater Noster ». L'église affiche également des versions dans beaucoup de langues du monde entier... et il reste de la place pour d'autres encore.

Un homme en prière devant la version arménienne du « Pater Noster ».

Le serviteur pardonné n'était pas prêt à pardonner à son tour.

29 Comment prier ?

Consulte les sources

Confiance dans la bonté de Dieu :
Matthieu 7 ; également Luc 11

Comment prier :
Luc 18

Ne vous faites pas remarquer :
Matthieu 6, 23 ; Marc 12 ; voir également Deutéronome 6, 11 ; Nombres 15

La prière chrétienne :
Philippiens 2

Confiance dans la bonté de Dieu

Dans l'Évangile de Matthieu, Jésus montre que Dieu a hâte de répondre aux prières. Il demanda aux parents qui l'écoutaient : « Qui d'entre vous, si son fils lui demande du pain, lui donnera une pierre ? »

Évidemment, même si les parents sont loin d'être parfaits, ils essaient tout de même de donner ce qu'il y a de meilleur à leurs enfants. Cela est d'autant plus vrai pour Dieu, qui tel un Père nous aime.

Jésus précisa qu'il y a une bonne et une mauvaise manière de prier. Il en donna beaucoup d'exemples. Il leur raconta en particulier cette parabole – destinée surtout à ceux qui étaient sûrs de leurs propres mérites et qui méprisaient tous les autres.

« Deux hommes montèrent au temple pour prier ; l'un était pharisien et l'autre collecteur d'impôts.

Le Pharisien, debout, priait ainsi en lui-même : " O Dieu, je te rends grâce de ce que je ne suis pas comme les autres hommes, qui sont voleurs, malfaisants, adultères, ou encore comme ce collecteur d'impôts. Je jeûne deux fois par semaine, je paie la dîme de tout ce que je me procure. "

Ces deux hommes prient à l'intérieur du Temple de Jérusalem.

Le collecteur d'impôts, se tenant à distance, ne voulait même pas lever les yeux au ciel, mais il se frappait la poitrine en disant : " O Dieu, prends pitié du pécheur que je suis."

" Je vous le déclare : celui-ci redescendit chez lui justifié, et non l'autre, car tout homme qui s'élève sera abaissé, mais celui qui s'abaisse sera élevé." »

Luc 18, 10-14

Ne vous faites pas remarquer

À l'époque de Jésus, certaines personnes aimaient se faire remarquer lorsqu'elles priaient. Elles se mettaient aux coins de rues avec leurs mains soulevées, afin que tous les admirent pour leur piété. La prière, dit Jésus, est une affaire privée. Pour prier, l'on doit s'isoler, peut être dans sa chambre avec les portes fermées.

Les hommes juifs se couvraient la tête avec un châle de prière. Les lois anciennes précisaient que les quatre coins de ces châles devaient être garnis de franges. Jésus critiqua certaines personnes pour avoir choisi de porter des franges très longues pour montrer leur piété.

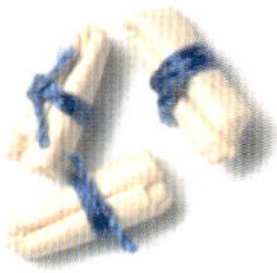

Deux phylactères, des sortes de petites bourses en cuir. Les hommes juifs portaient une copie de la Loi dans ces phylactères noués autour de leurs têtes. La Loi est écrite dans une écriture minuscule sur des rouleaux miniatures. Cette pratique est conforme à la loi qui leur prescrit de nouer les lois autour de leurs bras et de les porter sur leurs fronts comme aide-mémoire. Jésus critiqua ceux qui tentaient de se faire remarquer en portant des phylactères plus grands que nécessaire.

✢ La prière chrétienne

Cette fresque murale d'une villa romaine en Angleterre montre un chrétien en train de prier. Durant les premiers siècles, on se mettait debout pour prier, comme les Juifs le faisaient à l'époque de Jésus et le font encore aujourd'hui. L'habitude moderne de s'agenouiller qui est pratiquée par de nombreux chrétiens est liée à un passage d'une lettre qui fait partie du Nouveau Testament.

« Afin qu'au nom de Jésus tout genou fléchisse, dans les cieux, sur la terre et sous la terre, et que toute langue confesse que le Seigneur, c'est Jésus Christ, à la gloire de Dieu le Père. »

Philippiens 2, 10-11

Dans certaines Églises, les croyants plient le genou (la génuflexion) chaque fois que le nom de Jésus est mentionné.

30 L'enseignement de Jésus sur la droiture

Consulte les sources

Des mains propres :
Matthieu ; Marc ; Luc ; Jean

Aimez vos ennemis :
Matthieu ; Marc ; Luc ; Jean

Faire le bien en secret :
Matthieu ; Marc ; Luc ; Jean

Une bonté éclatante :
Matthieu ; Marc ; Luc ; Jean

Des paroles ou des actes :
Matthieu ; Marc ; Luc ; Jean

Des mains propres

Certains Pharisiens et maîtres de la Loi critiquaient ceux qui suivaient Jésus parce qu'ils mangeaient sans s'être lavé les mains. Ils se souciaient moins des microbes que d'observer certains rituels religieux.

Jésus expliqua que rien de ce qui vient de l'extérieur dans l'homme ne peut le rendre impur. Il leur dit :

« Ce qui sort de l'homme, c'est cela qui rend l'homme impur. En effet c'est de l'intérieur, c'est du cœur des hommes que sortent les intentions mauvaises, inconduites, vols, meurtres, adultères, cupidités, perversités, ruse, débauche, envie, injures, vanité, déraison. »

Marc 7, 20-22

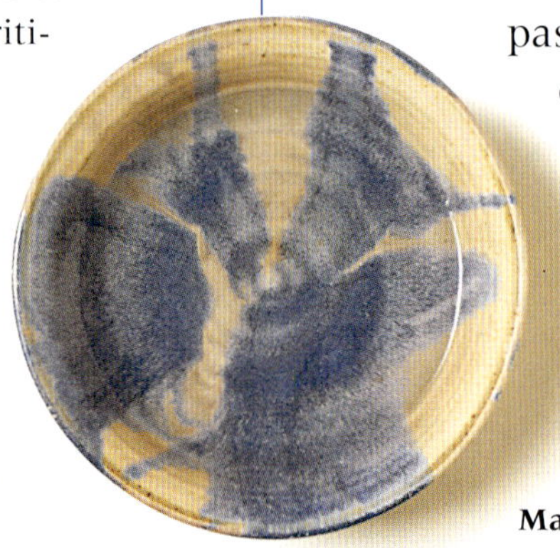

Les juifs religieux respectaient des règles très strictes concernant l'hygiène ; règles que Jésus semblait prendre à la légère.

Au cœur de l'enseignement de Jésus il y a la bonne nouvelle que Dieu pardonne tout. Cependant, Jésus nous donne également des précisions sur la façon dont il faut vivre.

« N'allez pas croire que je sois venu abroger la Loi ou les Prophètes : je ne suis pas venu abroger, mais accomplir. »

Matthieu 5, 17

Aimez vos ennemis

La Loi, explique Jésus, ne va pas assez loin. Elle nous dit qu'il faut éviter les mauvaises actions, telles que le meurtre et l'adultère ; elle décrit également les sanctions appropriées pour ceux qui ne respectent pas ces lois. La signification d'une vie droite, dit Jésus, est bien plus profonde. Il ne faut pas simplement éviter le meurtre : il ne faut même pas céder à la colère ou à la haine. Il ne faut pas simplement éviter l'adultère : il faut veiller à ce que toutes les relations soient justes. Ne pensez pas que vous êtes bon si vous ne demandez pas une vengeance, même justifiée, lorsque quelqu'un vous fait du mal ; faites-lui plutôt du bien.

« Vous avez appris qu'il a été dit : Tu aimeras ton prochain et tu haïras ton ennemi. Et moi, je vous dis : Aimez vos ennemis et priez pour ceux qui vous persécutent. »

Matthieu 5, 43-44

Jésus lui-même montra qu'il était prêt à pardonner. L'Évangile de Luc nous dit que lorsque Jésus était sur la croix il pria pour ses ennemis :

« Père, pardonne-leur car ils ne savent pas ce qu'ils font. »

Luc 23, 34

Faire le bien en secret

Une vie de droiture n'est pas quelque chose dont on se vante, prévient Jésus. Si l'on donne aux pauvres, il faut le faire en secret afin que personne ne le sache. Dieu le remarquera et bénira celui-là pour sa bonté.

Une bonté éclatante

En même temps, la vraie bonté est quelque chose que l'on ne peut pas cacher. Les justes seront comme des lumières dans l'obscurité. Tout le monde remarquera que ceux qui vivent comme des citoyens du Royaume des cieux se comportent de manière différente dans le monde. Dieu en sera loué.

Des paroles ou des actes
Tous ceux qui se ventent d'accomplir de bonnes actions ne le font pas toujours véritablement, prévient Jésus. Dieu verra ce que chacun fait réellement.
Il raconta l'histoire suivante :

Les deux fils montrèrent leur respect pour leur père par leurs actes.

« Quel est votre avis ? Un homme avait deux fils. S'avançant vers le premier, il lui dit : " Mon enfant, va donc aujourd'hui travailler à la vigne ". Celui-ci lui répondit : " Je ne veux pas " ; un peu plus tard, pris de remords, il y alla. S'avançant vers le second, il lui dit la même chose. Celui-ci lui répondit : " J'y vais, Seigneur " ; mais il n'y alla pas. Lequel des deux a fait la volonté du père ?

– « Le premier », répondirent-ils.

Jésus leur dit : « En vérité, je vous le déclare, collecteurs d'impôts et prostituées vous précèdent dans le Royaume de Dieu. En effet, Jean est venu à vous dans le chemin de la justice, et vous ne l'avez pas cru ; collecteurs d'impôts et prostituées, au contraire, l'ont cru. Et vous, voyant cela, vous ne vous êtes pas dans la suite davantage repentis pour le croire. »

Matthieu 21, 28-32

✠ Des cadeaux en secret

Une des histoires les plus appréciées de la tradition chrétienne raconte l'histoire de quelqu'un qui avait donné des cadeaux en secret. Il s'agit de l'évêque de la ville de Myre, qui entendit parler un jour d'une famille où il y avait trois filles. La famille était si pauvre que le père ne pouvait pas payer la dote pour qu'elles puissent se marier. L'évêque se rendit à leur maison au milieu de la nuit et jeta trois sacs d'or à l'intérieur. Certaines traditions racontent qu'il les jeta par la fenêtre, mais d'autres, qu'il les lança dans la cheminée et que les pièces roulèrent parmi les chaussettes et chaussures qui séchaient devant la cheminée. Il s'agissait de saint Nicolas, devenu célèbre dans le monde entier. La coutume de donner des cadeaux en secret à Noël vient de cette légende et de l'enseignement de Jésus.

Saint Nicolas et les trois jeunes filles.

31 Qui est mon prochain ?

Consulte les sources

Aime ton prochain :
Luc 10

Les plus grands commandements :
Deutéronome 6 ; Lévitique 19 ; Exode 20 ; Deutéronome 5

Les maîtres de la Loi étaient intrigués par ce que Jésus leur disait. Ils soupçonnaient que Jésus manquait de respect pour la Loi. Un jour, un maître de la Loi s'approcha de lui pour tenter de le piéger en lui posant une question qui pourrait l'induire à dire des choses contraire à la Loi. Il lui demanda :

« Maître, que dois-je faire pour recevoir en partage la vie éternelle ? »
Jésus lui dit : « Dans la Loi qu'est-il écrit ? Comment lis-tu ? »
Il lui répondit : « Tu aimeras le Seigneur ton Dieu de tout ton cœur, de toute ton âme, de toute ta force, et de toute ta pensée et ton prochain comme toi-même. »
Jésus lui dit : « Tu as bien répondu. Fais cela et tu auras la vie. » Mais lui, voulant montrer sa justice, dit à Jésus : « Et qui est mon prochain ? »

Le récit du Bon Samaritain n'est qu'une histoire. Pourtant Jésus le situe géographiquement dans le monde réel, entre Jérusalem et Jéricho. Cette auberge ancienne est visitée par de nombreux pèlerins en souvenir de l'histoire racontée par Jésus.

Le prêtre et le Lévite se hâtent loin de l'homme blessé couché sur la route. Cette cruauté apparente avait ses raisons : les lois anciennes disaient que celui qui touchait un cadavre devenait « impur » - inapte à participer aux cérémonies religieuses jusqu'à ce que les rites de purifications aient été accomplis. L'histoire de Jésus montre que la compassion importe plus que la pureté.

Jésus raconta alors cette parabole :

« Un homme descendait de Jérusalem à Jéricho, il tomba sur des bandits qui, l'ayant dépouillé et roué de coups, s'en allèrent, le laissant à moitié mort. Il se trouva qu'un prêtre descendait par ce chemin ; il vit l'homme et passa à bonne distance. Un lévite de même arriva en ce lieu ; il vit l'homme et passa à bonne distance. Mais un Samaritain qui était en voyage arriva près de l'homme : il le vit et fut pris de pitié. Il s'approcha, banda ses plaies en y versant de l'huile et du vin, le chargea sur sa propre monture, le conduisit à une auberge et prit soin de lui. Le lendemain, tirant deux pièces d'argent, il les donna à l'aubergiste et lui dit : " Prends soin de lui, et si tu dépenses quelque chose de plus, c'est moi qui te le rembourserai quand je repasserai. "

Lequel des trois, à ton avis, s'est montré le prochain de l'homme qui était tombé sur les bandits ? »

Le légiste répondit : « C'est celui qui a fait preuve de bonté envers lui. »

Jésus lui dit : « Va et, toi aussi, fais de même. »

Luc 10, 25-37

Le peuple juif croyait que Moïse leur avait apporté les dix commandements de la part de Dieu, gravés sur des tablettes en pierre.

Les plus grands commandements

Le maître de la Loi cita deux passages des Écritures en réponse à la question de Jésus.

« Tu aimeras le Seigneur ton Dieu de tout ton cœur, de tout ton être, de toute ta force. »

Deutéronome 6, 5

« Tu aimeras ton prochain comme toi-même. »

Lévitique 19, 18

Ces deux lois, les plus importantes, en résument des centaines d'autres. Les Écritures nous donne un autre résumé très connu, les Dix Commandements, qui contiennent également des instructions sur l'amour pour Dieu et pour son prochain.

- C'est moi le Seigneur, ton Dieu ; tu n'auras pas d'autres dieux face à moi.
- Tu ne te feras pas d'idole de quoi que ce soit ni te prosterneras devant une idole.
- Tu ne prononceras pas mon nom à tort.
- Tu tiendras pour sacré le jour du sabbat.
- Honore ton père et ta mère.
- Tu ne commettras pas de meurtre.
- Tu ne commettras pas d'adultère.
- Tu ne commettras pas de vol.
- Tu ne témoigneras pas faussement contre ton prochain.
- Tu ne convoiteras pas ce qui appartient à ton prochain.

32 Quelques rencontres de Jésus

Consulte les sources

La femme de Samarie :
Jean 4

La femme de mauvaise réputation :
Luc 7 ; également Matthieu 26 ; Marc 14

Qui n'a jamais commis de péché ?
Jean 8

Samaritains et Juifs

Les Samaritains venaient d'une région appelée la Samarie. Ils avaient leurs propres traditions religieuses et n'avaient pas le même respect pour le Temple à Jérusalem que les Juifs.

Depuis plus d'un siècle il y avait eu de nombreux conflits sanglants entre les Samaritains et les Juifs.

Lorsque Jésus était enfant, il y eût un incident sérieux au cours duquel un groupe de Samaritains avaient éparpillé des ossements dans le Temple à Jérusalem, ce qui constituait un outrage aux yeux des Juifs.

Pour ces raisons les Juifs et les Samaritains se détestaient.

Jésus n'a pas seulement dit aux autres de montrer de la compassion ; lui-même accueillit toutes sortes de personnes dans son entourage.

La femme de Samarie

Un jour, Jésus traversait la Samarie. Pendant la chaleur de l'après-midi il s'assit près d'un puits dans la ville de Sychar pendant que ses disciples cherchaient de la nourriture.

Une femme vint puiser de l'eau, et Jésus lui demanda de lui donner à boire.

Elle fut choquée, car elle savait que la plupart des Juifs ne partageraient pas une assiette ou une tasse avec des Samaritains.

Jésus lui dit :

« Si tu connaissais le don de Dieu et qui est celui qui te dit : " Donne-moi à boire ", c'est toi qui aurais demandé et il t'aurait donné de l'eau vive. »

Jean 4, 10

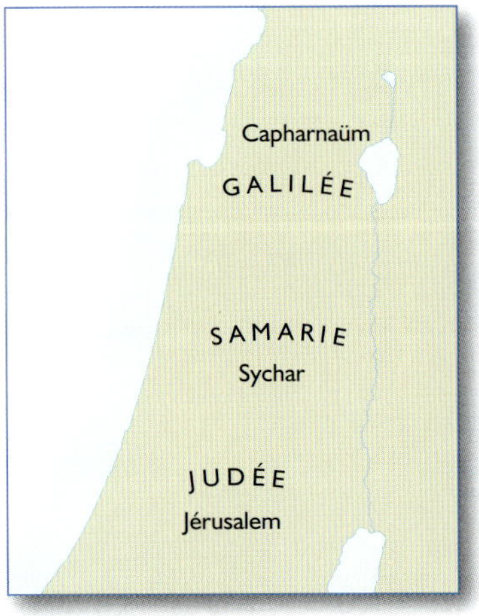

La Samarie

La Samarie se trouve entre la Galilée, la patrie de Jésus, et la Judée, où la louange de Dieu était centrée sur le Temple. Beaucoup de juifs faisaient un long détour afin d'éviter de traverser la Samarie.

Collines de Samarie.

Il resta pour discuter avec elle. Il savait qu'elle avait connu plusieurs hommes et qu'elle était méprisée pour cela par sa propre communauté.

Jésus lui dit également que le désaccord profond entre les Juifs et les Samaritains sur le lieu de culte n'avait plus d'importance :

« Mais l'heure vient, elle est là, où les vrais adorateurs adoreront le Père en esprit et en vérité ; tels sont, en effet, les adorateurs que cherche le Père. »

Jean 4, 23

La femme alla chercher les autres de son village, et ils étaient nombreux à écouter Jésus et à accueillir son message.

La femme de mauvaise réputation

Un jour, un Pharisien appelé Simon invita Jésus à dîner. Dans la maison d'un Pharisien, les repas étaient préparés avec le plus grand soin dans les moindres détails pour observer toutes les lois concernant l'alimentation et l'hygiène.

Dans la même ville se trouvait une femme de mauvaise réputation – une prostituée. Elle entendit parler de son invitation et alla le trouver, apportant avec elle un pot de parfum de grand prix. Elle pleurait, et avec ses larmes elle lava les pieds de Jésus. Puis elle versa sur ses pieds le parfum et les essuya de ses cheveux.

Le Pharisien était outré et se dit en lui-même : « Si cet homme était un vrai prophète, il saurait qui est cette femme qui le touche, et la vie de péchés qu'elle mène ! »

Jésus répondit à Simon par une parabole. « Il y avait deux personnes qui devaient de l'argent à un créancier ; l'un lui devait cinq cents pièces d'argent, l'autre cinquante. Aucun des deux n'avait de quoi rembourser, et il fit grâce de leur dette à tous les deux. Lequel des deux l'aimera le plus ? »

Simon savait répondre à cela : c'est celui auquel il a fait grâce de la plus grande dette. Jésus expliqua que si la femme agissait ainsi envers Jésus, cela ressemblait à la joie de quelqu'un dont la dette est remise : elle savait qu'elle avait commis beaucoup de fautes pour lesquelles elle avait besoin d'être pardonnée.

Puis Jésus dit à la femme que ses péchés étaient pardonnés.

Qui n'a jamais commis de péché ?

L'Évangile de Jean raconte l'histoire d'un événement qui se produisit lorsque Jésus enseignait au Temple à Jérusalem. Les maîtres de la Loi et les Pharisiens amenèrent devant lui une femme honteuse et terrifiée qui avait été prise en train de tromper son mari. Ils rappelèrent à Jésus que selon la Loi de Moïse la punition pour cette faute était la mort par lapidation. Jésus ne se précipita pas pour répondre.

Puis il dit :

« Que celui d'entre vous qui n'a jamais péché lui jette la première pierre. »

Les accusateurs se retirèrent les uns après les autres. Jésus dit alors à la femme :

« Femme, où sont-ils donc ? Personne ne t'a condamnée ? »
Elle répondit : « Personne, Seigneur. »
Jésus lui dit : « Moi non plus, je ne te condamne pas : va, et désormais ne pèche plus. »

Jean 8, 1-7 ; 10-11

Des pots de parfum datant du temps de Jésus.

33 D'autres rencontres de Jésus

Consulte les sources

Le collecteur d'impôts :
Luc 19

Le centurion :
Matthieu 8 ; également Luc 7

Jéricho est bâtie sur une oasis naturelle : c'est un îlot de verdure au milieu d'un paysage désertique.

Jéricho

La rencontre de Jésus avec Zachée, le collecteur d'impôts, eut lieu à Jéricho. Cette ville, qui existe encore aujourd'hui, est l'une des plus anciennes au monde. Elle est située dans une vallée bien protégée, où il fait chaud et où coulent de nombreuses sources d'eau douce. Au temps de Jésus c'était une ville où les familles riches de Jérusalem avaient souvent leurs résidences secondaires.

La plupart de ceux qui enseignaient la religion parmi les Juifs pensaient que leur foi leur était réservée à eux seuls. Jésus, en revanche, se distinguait dans sa façon de traiter les étrangers et les Juifs qui collaboraient avec les Romains.

Le collecteur d'impôts

Un jour, alors qu'il suivait la route de Jérusalem, Jésus vint à passer par la ville de Jéricho, située dans une oasis. Le collecteur en chef des impôts de la région s'appelait Zachée. Il était très riche, et tout le monde savait pourquoi : il ne se limitait pas à collecter les impôts des Romains mais en gardait une partie pour lui seul ; il extorquait également de l'argent à la population, bien plus que de raison.

Zachée voulait voir Jésus, le Maître dont tout le monde parlait. Malheureusement pour lui, il était de petite taille et ne pouvait pas l'apercevoir à cause de la foule qui s'était rassemblée autour de lui. C'est pourquoi il courut pour la devancer et grimpa dans un sycomore.

Lorsque Jésus passa par là, il leva les yeux et appela Zachée : « Descends de là ; je vais habiter chez toi aujourd'hui. »

Vite, Zachée descendit et l'accueillit tout joyeux de l'honneur qui lui était fait. La foule qui regardait commença à murmurer. Quel genre de personne était ce Jésus s'il choisissait d'aller chez quelqu'un d'aussi détestable que Zachée ?

La rencontre avec Jésus changea à jamais ce collecteur d'impôts avare.

Mais Zachée, s'avançant, dit au Seigneur : « Eh bien ! Seigneur, je fais don aux pauvres de la moitié de mes biens et, si j'ai fait tort à quelqu'un, je lui rends le quadruple. »

Alors Jésus dit à son propos : « Aujourd'hui, le salut est venu pour cette maison… En effet le fils de l'homme est venu chercher et sauver ce qui était perdu. »

Luc 19, 8-10

Le centurion

Un jour, un centurion romain s'approcha de Jésus. Son serviteur était souffrant, et il voulait que Jésus accomplisse un miracle. Jésus était prêt à se rendre chez lui, mais le soldat lui dit que ce n'était pas nécessaire : lui-même avait l'habitude de donner des ordres et savait que ce qu'il ordonnait était toujours exécuté. Il pensait que Jésus pouvait faire de même : demander un miracle et s'attendre à ce qu'il s'accomplisse.

Jésus était stupéfait et ravi qu'un étranger puisse avoir tant de foi en Dieu, et le serviteur du centurion fut guéri.

Jésus commenta :

« Aussi, je vous le dis, beaucoup viendront du levant et du couchant prendre place au festin avec Abraham, Isaac et Jacob dans le Royaume des cieux. »

Matthieu 8, 11

Un soldat romain en maille. Cette tenue était mieux ventilée qu'une armure blindée et convenait donc mieux à un pays chaud.

Les forces d'occupation

Les forces d'occupation romaine avec leurs armements lourds n'étaient pas populaires parmi la population locale. Cependant, certains soldats, comme le centurion qui était venu voir Jésus, respectaient la religion juive et essayaient d'aider la communauté locale.

La forteresse d'Antonia, où était stationnée la garnison de Jérusalem, était un édifice énorme qui rivalisait avec le Temple en grandeur et qui dominait les habitations des gens ordinaires.

34 L'accueil de Dieu

Consulte les sources

La pièce perdue :
Luc 15

Le père aimant et ses deux fils
Luc 15

La brebis perdue :
Luc 15 ; également Matthieu 18

La pièce perdue

Jésus racontait l'histoire d'une femme qui avait perdu une pièce d'argent dans sa maison. Elle alluma une lampe et balaya partout. Une fois la pièce retrouvée, elle invita ses voisins à fêter avec elle.

Jésus était heureux de discuter avec qui que ce soit – y compris les étrangers et les exclus. Les Pharisiens et les maîtres de la Loi n'appréciaient guère cela. C'est pourquoi Jésus racontait ces paraboles sur la réjouissance de Dieu lorsque ce qui était perdu fut retrouvé.

Une pièce d'argent appelé un shekel, datant d'environ 30 av. J.-C.

Le père aimant

Il était une fois un homme qui avait deux fils. Ils travaillaient avec lui à la ferme. Un jour, le fils cadet aborda son père avec une demande : « Je veux ma part de l'héritage immédiatement. Je ne veux pas être obligé d'attendre que tu meures. »

Le père leur donna donc en partage ce qu'il possédait, et le fils cadet vendit de suite sa part. Il prit l'argent et partit pour un pays lointain, où il profita pleinement de la vie en s'offrant tout ce qui lui faisait plaisir.

Puis une grande famine survint dans ce pays, et il se trouva rapidement sans argent et sans biens. Désespéré, il prit un emploi de gardien de cochons. Il avait si faim qu'il fut même tenté de manger leur nourriture.

Du haut de la terrasse sur le toit de sa maison, le père dans l'histoire de Jésus pouvait apercevoir de très loin son fils sur la route de retour.

Le fils qui revient. On l'appelle le fils prodigue.

Après avoir longuement réfléchi, il se dit : « Les serviteurs de mon père vivent mieux que moi. Je vais retourner chez moi, avouer que j'ai agi mal, et demander à être embauché comme serviteur. »

Il était encore loin de la maison lorsque son père l'aperçut ; le cœur de celui-ci se remplit de pitié, et il courut le rejoindre, l'entoura de ses bras et l'embrassa.

« Père, dit le fils, j'ai péché contre Dieu et contre toi. Je ne mérite plus d'être appelé ton fils. »

Mais le père était réjoui de revoir son fils. « Vite, ordonna-t-il à ses serviteurs, apportez les plus beaux habits, préparez une grande fête, car mon fils que voici était mort et il est revenu à la vie, il était perdu et il est retrouvé. »

Le frère aîné

L'histoire de Jésus nous informe que pendant ce temps, le frère aîné était en train de travailler dans les champs. Lorsqu'il revint à la maison, fatigué, il s'étonna d'entendre de la musique. Quand il apprit que son père faisait une fête pour son frère, il se mit en colère et refusa d'entrer dans la maison. Il se plaignit qu'on ne l'avait jamais traité aussi bien.

Son père essaya de le calmer, expliquant que tout ce qu'il possédait lui appartenait également.

On peut comprendre cet épisode ainsi : les gens respectables sont souvent en colère lorsqu'ils voient la générosité avec laquelle Dieu pardonne à ceux qui ont fait du mal.

La brebis perdue

Jésus raconta cette histoire :

« Supposons qu'un berger a cent brebis et qu'il en perde une. Que fait-il ? Il laisse les quatre-vingt dix-neuf autres aux pâturages pour aller à la recherche de celle qui est perdue jusqu'à ce qu'il l'ait retrouvée. Et quand il l'a retrouvée, il est si joyeux qu'il la charge sur ses épaules et la porte jusqu'à la maison. Ensuite il réunit ses amis et ses voisins, et leur dit : ' Réjouissez-vous avec moi, car je l'ai retrouvée, ma brebis qui était perdue ! »

« De la même façon, il y aura plus de joie dans le ciel pour un seul pécheur qui se repentit, que pour quatre-vingt dix-neuf justes qui n'ont pas besoin de se repentir. »

Un berger amène son troupeau à la recherche de pâturages dans les collines sèches et pierreuses du pays où Jésus vécut. Ceux qui écoutaient la parabole de la brebis perdue avaient ce paysage sauvage en tête lorsqu'ils imaginaient un bon berger à la recherche de sa bête perdue.

35 Qui est Jésus ?

Consulte les sources

Jésus le Messie :
Matthieu 6 ; également Marc 8 ; Luc 9

La transfiguration :
Matthieu 17 ; Marc 9 ; Luc 9

Les paroles et les actes de Jésus incitaient son entourage à se poser la question : « Qui est réellement Jésus ? » Jésus lui-même s'intéressait à ce que disaient les gens, et il demandait à ses disciples ce qu'ils avaient entendu dire.

Ils répondirent que la plupart des gens pensaient qu'il était un prophète. Certains pensaient qu'il était l'un des prophètes d'un passé lointain, revenu pour apporter la parole de Dieu au peuple. Certains pensaient même qu'il était Jean le Baptiste, qui avait été exécuté récemment pour sa franchise à l'égard du roi.

Il leur dit : « Et vous, qui dites-vous que je suis ? »
Prenant la parole, Simon-Pierre répondit :
« Tu es le Christ, le fils du Dieu vivant. »
Matthieu 16, 15-16

Jésus était visiblement content de la confiance de Pierre, car il lui dit qu'il serait la pierre sur laquelle la communauté des croyants serait bâtie. Jésus ne voulait pas que les disciples racontent aux autres qu'il était le Messie, le Christ. Par contre, il commença à parler de plus en plus souvent des conséquences pour celui qui était le Messie : il serait confronté à ses ennemis et serait mis à mort à cause de son message.

Une petite grotte dédiée à un dieu à Césarée de Philippe.

Césarée de Philippe

Jésus et ses disciples étaient en visite dans la ville de Césarée de Philippe, au nord, lorsque Pierre déclara que Jésus était le Messie. Au temps de Jésus, il y avait de nombreux lieux de pèlerinage dédiés à divers dieux, dans des niches construites dans les rochers alentours. Pierre, cependant, déclara que Jésus était le fils du Dieu vivant, le seul Dieu en qui il croyait.

La transfiguration

Peu de temps après que Jésus ait demandé à ses disciples qui ils croyaient qu'il était, il donna à trois d'entre eux l'occasion de voir quelque chose de très particulier. Il prit Pierre, Jacques et Jean avec lui jusqu'au sommet d'une haute montagne. Pendant que les disciples regardaient Jésus,

On pense que la transfiguration a eu lieu sur le Mont Hermon, au nord le la Galilée. Les pentes élevées sont souvent recouvertes de neige comme sur cette photo.

Les disciples de Jésus sont émerveillés en voyant Jésus transfiguré

ils remarquèrent qu'un changement s'opérait en lui. Son visage brillait comme le soleil et ses vêtements étaient devenus d'un blanc éclatant. Deux des plus grands prophètes de leur peuple apparurent à ses côtés : Moïse, qui avait donné la Loi, et Élie, qui avait défendu la foi à l'époque d'un roi cruel et méchant – et Jésus discuta avec eux.

Comme il parlait encore, voici qu'une nuée lumineuse les recouvrit. Et voici que, de la nuée, une voix disait : « Celui-ci est mon fils bien-aimé, celui qu'il m'a plu de choisir. Écoutez-le ! »

Matthieu 17, 5

Une fois de plus, Jésus demanda aux disciples qui avaient vu et entendu tout cela de ne rien dire jusqu'à sa mort.

Les clés du Royaume

Jésus appela Pierre à être le rocher et le fondement de l'Église, et il lui dit qu'il allait aussi lui donner les clés du Royaume des cieux. C'est pourquoi il est de tradition dans l'art chrétien de montrer Pierre portant une énorme clé.

Dans l'imaginaire populaire, Pierre est également considéré comme le gardien des portes du Ciel – c'est-à-dire celui qui décide si quelqu'un est digne d'entrer ou non. L'idée que les portes du Ciel sont en perles vient d'un autre passage de la Bible : le livre de l'Apocalypse (rédigé après la vie de Jésus) qui décrit la ville céleste comme ayant douze portes, chacune taillée dans une seule perle.

Une statue de Pierre qui tient à la main les clés du Royaume des cieux.

36 Jésus se décrit lui-même

Consulte les sources

Le pain de vie :
Jean 6
La lumière du monde :
Jean 8
Le bon berger :
Jean 10
La Résurrection et la Vie :
Jean 11
Le chemin vers Dieu :
Jean 14
La vigne :
Jean 15

✠ Jésus, la lumière

Ce portrait de Jésus par l'artiste anglais Holman Hunt s'intitule « *La lumière du monde* ».

Jésus apporta lui-même les informations concernant sa véritable identité. Ainsi, dans l'Évangile de Jean se trouvent plusieurs affirmations qui commencent toutes par « Je suis » et par lesquelles Jésus tente de donner une image plus précise de qui il est.

Les miches de pain au temps de Jésus étaient plates comme celles-ci.

Le pain de vie

Un jour, Jésus prit quelques pains et poissons avec lesquels, par miracle, il nourrit cinq mille hommes. Le lendemain, la foule revint chercher Jésus. Il savait qu'ils avaient hâte de voir s'il pouvait leur fournir de nouveau un repas gratuit. Jésus leur conseilla de ne pas avoir faim pour de la nourriture, mais pour le « pain de vie » qui peut satisfaire à jamais leurs désirs les plus profonds. Ils réclamèrent ce pain et Jésus leur donna la réponse suivante :

« C'est moi qui suis le pain de vie ; celui qui vient à moi n'aura pas faim ; celui qui croit en moi jamais n'aura soif. »

Jean 6, 35

La lumière du monde

Un autre jour, Jésus s'adressa à des Pharisiens. Ces spécialistes de la religion connaissaient les moindres détails des lois – les lois que Dieu avait données à Moïse – et ils connaissaient les Écritures qui décrivent la Loi comme une lumière pour les guider et leur montrer le chemin à suivre. Cependant, Jésus leur dit ceci :

Une lampe à huile du temps de Jésus.

« Je suis la lumière du monde. Celui qui vient à ma suite ne marchera pas dans les ténèbres ; il aura la lumière qui conduit à la vie. »

Jean 8, 12

Le bon berger

Jésus se décrivait également comme un bon berger, menant les gens tel un berger conduisant un troupeau de brebis et prenant soin d'elles.

À l'époque de Jésus, les brebis était rassemblées dans des enclos pour la nuit. Un enclos à moutons était formé d'une muraille basse ayant pour unique entrée une ouverture étroite. Le berger se couchait

en travers de l'entrée afin d'empêcher les brebis de sortir et afin d'éloigner tout danger. C'est de cela que Jésus parlait lorsqu'il disait « Je suis la porte des brebis ».

Il ajoute, « Je suis le bon berger ». À la différence d'un berger payé pour garder les brebis, un bon berger reste avec son troupeau même au péril de sa vie.

La Résurrection et la Vie

Juste avant de ressusciter son ami Lazare de la mort, Jésus fit cette déclaration surprenante :

« Je suis la Résurrection et la Vie : celui qui croit en moi, même s'il meurt, vivra ; et quiconque vit et croit en moi ne mourra jamais. »

Jean 11, 25-26

Cette reconstruction d'un enclos à moutons est constituée d'une muraille circulaire construite de pierres sèches. Le haut de la muraille est recouvert de branches épineuses afin de repousser les animaux sauvages. Il y a une barrière en bois, mais d'habitude le berger montait la garde à l'entrée.

Le chemin vers Dieu

Lorsque Jésus commença à parler de plus en plus souvent à ses disciples de sa mort prochaine, il leur dit de ne pas s'inquiéter. Une fois qu'il serait mort, il irait simplement auprès de Dieu pour leur préparer une place près de Lui. « Vous en savez le chemin où je vais » dit-il. Devant leur étonnement, il rajouta donc :

« Je suis le chemin et la vérité et la vie. Personne ne va au Père si ce n'est par moi. »

Jean 14, 6

La vigne

Les collines du pays de Jésus étaient couvertes de vignes. Jésus dit à ses disciples :

« Je suis la vraie vigne et mon Père est le vigneron. Tout sarment qui, en moi, ne porte pas de fruit, il l'enlève, et tout sarment qui porte du fruit, il l'émonde, afin qu'il en porte davantage encore… Je suis la vigne, vous êtes les sarments : celui qui demeure en moi et en qui je demeure, celui-là portera du fruit en abondance… Ce qui glorifie mon Père, c'est que vous produisiez du fruit en abondance et que vous soyez pour moi des disciples. Comme le Père m'a aimé, moi aussi je vous ai aimés ; demeurez dans mon amour. Si vous observez mes commandements, vous demeurerez dans mon amour, comme, en observant les commandements de mon Père, je demeure dans son amour. »

Jean 15, 1-2.5.8-10

Sous cette vigne prospère se trouvent les branches sèches qui ont été taillées au début de la saison. C'est là l'illustration parfaite des paroles de Jésus lorsqu'il dit que ceux qui le suivent doivent être greffés sur lui, la vraie vigne, s'ils veulent porter du fruit et accomplir ainsi de bonnes actions.

37 Le début de la fin

Consulte les sources

Jésus entre à Jérusalem :
Marc 11 ; également Matthieu 21 ; Luc 19 ; Jean 12

Des versions différentes

Les événements de la vie de Jésus sont souvent rapportés par les évangélistes de manière différente : les détails changent, ainsi que la place de certains événements comme par exemple les vendeurs chassés du Temple que Luc, Matthieu et Marc placent à la fin de la vie de Jésus et Jean au début. Ces différences font parfois douter de l'authenticité de ce qui est raconté. Mais il faut se rappeler que les évangélistes écrivent des années après les faits auxquels ils ont assistés ou qu'on leur a racontés. Leur mémoire a donc déjà fait une sélection. De plus ils écrivent pour des chrétiens d'origines différentes, et ils choisissent ce qui va leur permettre de mieux transmettre leur message, afin que chacun découvre Jésus.

Jésus avait exercé son ministère de prédication et d'enseignement pendant trois ans environ. C'était le printemps, l'époque de la fête annuelle de la Pâque. Jésus informa ses disciples qu'il se rendrait à Jérusalem pour se joindre aux foules de pèlerins qui s'y trouvaient.

Jésus savait que c'était dangereux. Il prévint ses disciples à plusieurs reprises qu'il serait arrêté par les chefs religieux et condamné à mort. Il dit également qu'il ressusciterait, mais ses disciples ne comprenaient pas de quoi il parlait.

Lorsqu'ils s'approchèrent de Jérusalem, Jésus envoya deux de ses disciples en leur demandant de trouver un âne, car il voulait rentrer dans la ville à dos d'âne.

Quand Jésus et les disciples s'approchèrent de la ville, les foules qui s'y rendaient également, les remarquèrent. Certains devaient se souvenir de la prophétie du livre de Zacharie dans les Écritures de leur peuple : Dieu avait promis de leur envoyer un roi qui entrerait à Jérusalem à dos d'âne. La foule se mit à crier :

Une foule bruyante accueille Jésus comme son nouveau roi.

« Hosanna ! Béni soit au nom du Seigneur Celui qui vient ! Béni soit le règne qui vient, le règne de David notre père ! Hosanna au plus haut des cieux ! »

Marc 11, 9-10

Pour lui rendre hommage, les gens commencèrent à jeter leurs manteaux par terre afin d'en faire un tapis sur lequel l'âne pouvait marcher, et ils coupèrent des branches de palmier qu'ils agitèrent devant lui.

Manifestement, beaucoup de gens croyaient que Jésus était le roi choisi par Dieu, le Messie, le Christ. Qu'allait-il se passer ensuite ?

✠ Le dimanche des Rameaux

Les événements qui conduisirent à la mort et la résurrection de Jésus sont commémorés chaque année dans les Églises chrétiennes. L'entrée triomphale de Jésus à Jérusalem est commémorée le dimanche avant Pâques, c'est ce que l'on appelle le dimanche des Rameaux. L'une des traditions est alors de former un cortège et de défiler dans le quartier en chantant des hymnes traditionnels.

Un cortège du dimanche des Rameaux dans les îles Cook.

Combien d'ânes ?

Lorsque Matthieu décrit l'entrée à Jérusalem, il y a deux ânes : une ânesse et son petit. L'auteur commente :

Cela est arrivé pour que s'accomplisse ce qu'a dit le prophète :
« Dites à la fille de Sion : Voici que ton roi vient à toi, humble et monté sur une ânesse et sur un ânon, le petit d'une bête de somme. »

Matthieu 21, 4-5

Tout au long de son Évangile, Matthieu prend soin de faire remarquer que les anciennes prophéties s'accomplissent en Jésus.

38 Jésus et le Temple

Consulte les sources

Jésus, le vrai Temple :
Jean 2 ; également Matthieu 26

Jésus nettoie le Temple :
Matthieu 21 ; également Marc 11 ; Luc 19 ; Jean 2

La parabole des vignerons :
Marc 12 ; également Matthieu 21 ; Luc 20

La veuve pauvre :
Marc 12 ; également Luc 21

Jésus, le vrai Temple

L'histoire de Jésus qui nettoie le Temple se trouve dans les quatre Évangiles. Dans Matthieu, Marc et Luc, cela se passe peu de temps après l'entrée triomphale de Jésus dans Jérusalem. Dans l'Évangile de Jean en revanche, c'est l'un des événements qui marque le début du ministère de Jésus.

Jean relate également la déclaration que fit Jésus aux autorités du Temple :
« Détruisez ce Temple et, en trois jours, je le relèverai. »

Alors les Juifs lui dirent : « Il a fallu quarante-six ans pour construire ce temple et toi, tu le relèverais en trois jours ? »

Mais lui parlait du Temple de son corps. Aussi, lorsque Jésus se releva d'entre les morts, ses disciples se souvinrent qu'il avait parlé ainsi, et ils crurent à l'Écriture ainsi qu'à la parole qu'il avait dite.

Jean 2, 19-22

Le Temple de Jérusalem était au centre des célébrations de la Pâque. Jésus s'y rendit et trouva l'énorme cour bien remplie : des marchands avaient installé leurs stands et vendaient tout ce dont les pèlerins avaient besoin pour la fête. Ils devaient changer leur argent ordinaire contre des pièces du Temple afin de payer l'impôt au Temple. Ils avaient besoin d'acheter des animaux à offrir en sacrifice – des bœufs, des moutons et des pigeons.

Jésus n'aimait pas ce qu'il voyait. Il se mit à chasser les marchands, renversant les tables et les sièges.

« Il est écrit : Ma maison sera appelée maison de prière ; mais vous, vous en faites une caverne de bandits ! »

Matthieu 21, 13

Les grands prêtres étaient très en colère en voyant ce que Jésus avait fait.

Jésus provoque un tumulte dans la cour du Temple.

La parabole des vignerons

Jésus racontait la parabole suivante.

Il était une fois un homme qui avait un pressoir et un vignoble entouré d'un mur avec une tour de garde dans un coin. Il partit en voyage, laissant le vignoble à des vignerons. Lorsque l'heure de la récolte fut venue, il envoya un serviteur pour lui apporter sa part.

Les vignerons le saisirent, le rouèrent de coups et le renvoyèrent les mains vides.

Le propriétaire envoya un autre serviteur, et il lui arriva la même chose. Puis il envoya d'autres serviteurs ; des vignerons rouèrent de coups les uns et tuèrent les autres.

À la fin, il envoya son fils. « Je suis certain qu'ils respecteront mon fils » se dit-il.

Mais lorsque les vignerons aperçurent le fils, ils virent là une occasion de s'approprier le vignoble. « Tuons-le et le vignoble sera à nous » se dirent-ils. Et ils le tuèrent.

« Que se passera-t-il ensuite ? demanda Jésus à ses auditeurs. Le propriétaire viendra, fera tuer ces vignerons et confiera la vigne à d'autres. »

Les chefs religieux étaient furieux. Ils avaient compris que la parabole était dirigée contre eux. Le propriétaire signifiait Dieu, les serviteurs étaient les prophètes et eux-mêmes étaient les vignerons. Jésus suggérait dans son histoire qu'ils ne s'étaient pas occupés de ce qui intéresse Dieu, et qu'ils ne le reconnaissaient pas comme le fils de Dieu.

Les vignerons dans l'histoire de Jésus avaient oublié que le vignoble appartenait à quelqu'un d'autre et avaient commencé à le considérer comme le leur.

La veuve pauvre

Assis près du Temple, Jésus regardait comment la foule apportait leurs offrandes. De nombreux riches venaient et donnaient beaucoup. Puis une veuve pauvre s'approcha et mit deux petites pièces d'une valeur négligeable. « Cette femme a donné plus que les autres parce qu'elle a donné tout ce qu'elle possédait. »

Les treize troncs à offrandes dans le Temple s'appelaient des shofarot ; ce mot signifie « trompette », car ces boîtes avaient une ouverture en forme de trompette. Cette forme facilitait aux donateurs le dépôt de leur argent mais empêchait les voleurs d'y glisser leurs mains et retirer l'argent.

39 Le complot contre Jésus

Consulte les sources

Judas :
Matthieu 26 ; Marc 14 ; Luc 22

Le complot contre Jésus :
Jean 11 ; également Matthieu 26 ; Marc 14 ; Luc 22

Jésus le Messie :
Matthieu 26 ; également Marc 14 ; Jean 12

Judas

Les chefs religieux se voyaient confrontés à un problème majeur en tentant de faire arrêter Jésus. Lorsque Jésus était entouré par la foule, ils ne pouvaient jamais s'en approcher et l'enlever, car le peuple se serait révolté. Et lorsqu'il se retirait avec ses disciples, ils ne savaient pas où le trouver.

Une possibilité s'offrit à eux quand un des disciples de Jésus, Judas Iscarioth, vint leur proposer de trahir Jésus. Les prêtres lui donnèrent 30 pièces d'argent en échange du renseignement sur le lieu où ils pourraient trouver Jésus seul. Judas commença à chercher l'occasion de les prévenir.

Les paroles et les actes de Jésus attiraient de nombreuses personnes qui s'étaient mises à sa suite. Cependant, son interprétation de la Loi, ses miracles et sa popularité irritaient de plus en plus les chefs religieux – les maîtres de la Loi et les prêtres du Temple.

Jean, dans son Évangile, fournit une autre raison pour laquelle ils étaient si déterminés à se débarrasser de Jésus. Parce que Jésus opérait des miracles, les foules qui le suivaient le considéraient comme un héros. Les Romains qui dirigeaient le pays auraient pu considérer Jésus comme un chef de rébellion.

« Si nous laissons Jésus agir de la sorte, se disaient-ils, tous croiront en lui, et les autorités romaines prendront des mesures et détruiront notre Temple et notre nation ! »

Ils pensaient donc qu'il valait mieux pour tout le monde de leur livrer Jésus et le laisser mourir plutôt que de voir la nation entière détruite.

Judas accepte secrètement de trahir Jésus aux chefs religieux.

La rébellion contre les Romains

Les autorités juives avaient tout à fait raison de s'inquiéter au sujet des Romains : ceux-ci étaient disposés à permettre aux peuples qu'ils gouvernaient une grande liberté dans leur façon de vivre et dans leurs croyances, à condition de ne pas s'opposer à leur autorité. Si les Romains sentaient que leur droit de gouverner était mis au défi, ils pouvaient se montrer impitoyables.

En effet, les Juifs se rebellèrent contre les Romains peu de temps après la mort de Jésus, en 70 ap. J.-C. Lors d'une bataille acharnée, les Romains prirent le Temple à Jérusalem, détruisirent le bâtiment et emportèrent ses trésors. À la page suivante tu peux lire l'histoire de la dernière bataille des Juifs contre les Romains à Masada.

L'armée de l'empereur romain, Tite avait écrasé les Juifs. Un arc de triomphe fut construit en son honneur à Rome ; sur cette fresque on voit des soldats emportant les trésors du Temple de Jérusalem – les trompettes de cérémonie et le candélabre à sept branches en or.

Ce mur est tout ce qui reste du Temple juif aujourd'hui. Il ne faisait pas partie de cet édifice magnifique. Il était simplement un mur de soutènement de l'énorme plate-forme sur laquelle le Temple était construit. Il reste précieux aux Juifs, qui viennent du monde entier pour prier ici.

Jésus, le Messie

À peu près au moment où les prêtres complotaient pour se débarrasser de lui, Jésus mangeait chez un de ses amis. Une femme vint avec un pot du meilleur parfum et le versa sur lui. Certains de ceux qui virent cela – y compris Judas, étaient en colère à cause du gaspillage. « On aurait pu vendre ce parfum très cher et donner la somme aux pauvres », dirent-ils.

Jésus leur dit de ne pas réprimander la femme. « Vous aurez toujours des pauvres avec vous dans ce monde, et si vous voulez donner de l'argent pour les aider, vous pouvez le faire » expliqua-t-il. Jésus accepta la générosité de la femme et considéra son geste comme un signe d'onction. L'onction servait à marquer celui qui avait été choisi pour être le roi de la nation, le désignant comme « messie », « celui qui a reçu l'onction » (en grec : « Christ »).

Mais l'onction était pratiquée également sur les morts, avant l'enterrement. Jésus savait qu'il allait mourir.

L'onction

La cérémonie ancienne de l'onction consistait à verser de l'huile sur la tête de la personne choisie. C'était une façon de montrer que la faveur de Dieu se versait sur cette personne. Les premiers rois du peuple juif reçurent l'onction de la part d'un prophète appelé Samuel : Saül fut le premier roi et David le second. L'huile était souvent gardée dans une jarre comme celle de l'illustration.

40 Les dernières consignes de Jésus

Consulte les sources

La fin des temps :
Matthieu 24 ; Marc 13 ; Luc 12, 17, 21

Soyez prêts :
Matthieu 25

Le jugement final :
Matthieu 25

La forteresse de Massada, perchée sur une colline, fut le dernier lieu de retranchement des Juifs dans leur rébellion contre les Romains.

La fin des temps

Des années plus tard, les disciples ont peut-être fait le lien entre les avertissements donnés par Jésus concernant les troubles à venir et la guerre des rebelles juifs contre les Romains. Pendant ces émeutes, le Temple fut détruit et les Juifs éparpillés à travers l'empire.

Une poignée de rebelles résistèrent longtemps. Ils s'étaient barricadés dans la forteresse de Massada, perchée sur une colline près de la Mer Morte. Le siège dura des semaines, alors que l'armée en face construisait une rampe en terre contre la façade rocheuse de la forteresse afin de la prendre d'assaut. les Romains, une fois entrés dans la ville, trouvèrent que la grande majorité des rebelles s'étaient suicidés car ils avaient préféré la mort à la défaite.

Jésus savait que son désaccord avec les chefs religieux atteignait le point critique. Selon Matthieu, Marc et Luc, il fit de sombres prédictions à ses disciples concernant les guerres et les désastres à venir – et même la fin du monde tel que nous le connaissons.

Soyez prêts

Jésus avertit ses disciples que personne, à l'exception de Dieu, ne savait quand ces événements auraient lieu. Ils devaient veiller et guetter Dieu, comme des serviteurs qui attendent l'arrivée de leur maître. Il leur raconta cette histoire comme illustration :

« Alors il en sera du Royaume des cieux comme de dix jeunes filles qui prirent leurs lampes et sortirent à la rencontre de l'époux. Cinq d'entre elles étaient insensées et cinq étaient avisées. En prenant leurs lampes, les filles insensées n'avaient pas emporté d'huile ; les filles avisées, elles, avaient pris, avec leurs lampes, de l'huile dans des fioles. Comme l'époux tardait, elles s'assoupirent toutes et s'endormirent.

Au milieu de la nuit, un cri retentit : " Voici l'époux ! Sortez à sa rencontre ". Alors toutes ces jeunes filles se réveillèrent et apprêtèrent leurs lampes. Les insensées dirent aux avisées : " Donnez-nous de votre huile, car nos lampes s'éteignent ." Les avisées répondirent : " Certes pas, il n'y en aurait pas assez pour nous et pour vous ! Allez plutôt chez les marchands et achetez-en pour vous ."

Cinq jeunes filles sont prêtes à accueillir l'époux.

Pendant qu'elles allaient en acheter, l'époux arriva ; celles qui étaient prêtes entrèrent avec lui dans la salle des noces, et l'on ferma la porte. Finalement, arrivent à leur tour les autres jeunes filles, qui disent : "Seigneur, seigneur, ouvre-nous !" Mais il répondit : "En vérité, je vous le déclare, je ne vous connais pas. Veillez donc, car vous ne savez ni le jour ni l'heure." »

Matthieu 25, 1-13

Cinq jeunes filles ont oublié d'apporter assez d'huile pour leurs lampes et c'est ainsi qu'elles ne peuvent se rendre à la fête.

Le jugement dernier

Jésus les avertit qu'il y aurait un jugement dernier :

« Quand le fils de l'homme viendra dans sa gloire, accompagné de tous les anges, alors il siégera sur son trône de gloire. Devant lui seront rassemblées toutes les nations, et il séparera les hommes les uns des autres, comme le berger sépare les brebis des chèvres. »

Matthieu 25, 31-32

Jésus poursuivit en décrivant comment les justes seraient accueillis au Royaume à cause du bien qu'ils auront fait, et ils répondront :

« Seigneur, quand nous est-il arrivé de te voir affamé et de te nourrir, assoiffé et de te donner à boire ? Quand nous est-il arrivé de te voir étranger et de te recueillir, nu et de te vêtir ? Quand nous est-il arrivé de te voir malade ou en prison, et de venir à toi ? » Et le roi leur répondra : « En vérité, je vous le déclare, chaque fois que vous l'avez fait à l'un de ces plus petits, qui sont mes frères, c'est à moi que vous l'avez fait ! »

Matthieu 25, 37-40

Pendant ce temps, les autres seront envoyés vers un destin misérable.

✠ La fin est proche

Certains chrétiens aujourd'hui entendent les paroles de Jésus avec inquiétude, cherchant des indices sur ce qu'il voulait dire à propos de la fin du monde. Cependant, Jésus dit clairement que la fin de toutes choses est dans la main de Dieu seul, et que le devoir des chrétiens est de mettre en pratique l'enseignement de Jésus, de sorte qu'à la fin des temps ils seront toujours en train de faire le bien, comme Jésus l'avait demandé.

Un médecin chrétien tente de guérir un malade.

Les chrétiens travaillant pour des organismes humanitaires se chargent de fournir de la nourriture, des vêtements et un abri aux pauvres.

41 Jésus et le repas de la Pâque juive

Consulte les sources

Jésus et le repas de la Pâque juive :
Marc 14 ; également Matthieu 26 ; Luc 22 ; Jean 13

L'ancienne et la nouvelle alliance :
Luc 22 ; également Matthieu 26 ; Marc 14 ; I Corinthiens 11

Repas de fête

Il était de coutume chez les Romains de s'allonger sur des banquettes autour d'une table basse pour manger. Même si le repas de la Pâque était une fête juive, il est probable que Jésus et ses disciples avaient fait de même.

Jésus était venu à Jérusalem avec ses disciples pour célébrer la fête de la Pâque. Malgré le danger encouru face à ses ennemis, il demanda à ses disciples de tout préparer pour la fête. Il leur donna pour instruction de se rendre à la ville où quelqu'un les attendait, une jarre d'eau sur la tête. Ils devaient suivre cet homme jusqu'à une maison, où ils demanderaient au propriétaire de leur montrer la pièce qu'il prêterait à Jésus. Le propriétaire leur montra une pièce à l'étage, et les disciples préparèrent le repas de fête selon les instructions de Jésus.

L'ancienne et la nouvelle alliance

Le repas de la Pâque était très important, car il rappelait au peuple juif la nuit de la première Pâque où Dieu permit à Moïse de conduire son peuple hors d'Égypte, où ils avaient été retenus comme esclaves. Après leur fuite, Dieu fit une promesse à son peuple : ils devaient respecter les lois de Dieu, et Dieu les conduirait vers une terre où ils pourraient habiter. Cette promesse s'appelle une « alliance ».
Pendant le repas, Jésus parla de cette nouvelle alliance :

Judas s'éclipsa pendant le repas pour trahir Jésus.

Puis il prit du pain et après avoir rendu grâce,
il le rompit et le leur donna en disant :
« Ceci est mon corps donné pour vous.
Faites cela en mémoire de moi. »
Et pour la coupe, il fit de même
après le repas, en disant : « Cette
coupe est la nouvelle Alliance
en mon sang versé pour vous. »

Luc 22, 19-20

Comme Jésus l'avait pressenti, Judas profita de cette occasion, pour sortir et le livrer à ceux qui souhaitaient le faire arrêter. D'autres disciples commencèrent à se disputer au sujet de qui d'entre eux serait le plus important – jusqu'à ce que Jésus dût mettre fin à leur dispute. Il leur dit que, parmi ceux qui le suivaient, le plus grand devait se comporter comme serviteur du plus petit, en suivant son exemple.

Jésus savait également que même Pierre, le plus fidèle d'entre les disciples, allait, aux moments difficiles qui se produiraient bientôt, nier qu'il le connaissait.

Puis tous sortirent de la ville, comme ils l'avaient fait souvent par le passé, vers le Mont des Oliviers, tout proche.

Jésus et ses disciples ont partagé un dernier repas ensemble.

Ce tableau des catacombes à Rome montre des chrétiens partageant un repas comme Jésus le leur avait ordonné. Aux premiers temps de la foi, le christianisme était illégal, et les croyants se rassemblaient en secret dans un réseau de tunnels sous la ville.

✠ Le pain et le vin

Le geste du partage du pain et du vin, que Jésus a demandé de répéter en souvenir du dernier repas avec les disciples, se trouva rapidement au coeur des rencontres entre premiers chrétiens. Quelques années plus tard, Paul, un des premiers missionnaires chrétiens, écrivit une lettre à la communauté de Corinthe, leur rappelant comment répéter et faire mémoire du geste de Jésus.

Tout au long de l'histoire de l'Église, les croyants ont toujours pris soin de célébrer ce repas, que l'on appelle la Sainte Cène ou l'Eucharistie.

Lorsque les chrétiens partagent aujourd'hui le pain et le vin, ils se rappellent les paroles de Jésus à propos de son corps et son sang.

42 La Cène : le récit de Jean

Consulte les sources

La Cène :
Jean 13-14

La tâche d'un serviteur

Il était de coutume au temps de Jésus de proposer aux invités la possibilité de se laver les pieds. Comme tout le monde portait des sandales et que le climat était chaud et sec, leurs pieds se salissaient rapidement à force de parcourir les routes et les chemins poussiéreux.
La moindre des choses était d'offrir aux invités un bassin d'eau pour qu'ils se lavent les pieds eux-même. Mais il était habituel de confier cette tâche à un serviteur. On se servait d'un bassin en terre cuite tel que celui-ci.

La version de la Cène selon Jean est sensiblement différente de celles des autres évangélistes. Il nous apprend que ce repas était celui qui précédait la fête de la Pâque, et que Jésus savait que la Pâque serait le moment pour lui de quitter ce monde pour rejoindre Dieu.

Pendant le repas, il se leva et s'apprêta à laver les pieds de ses disciples, ce qui à cette époque était une tâche de serviteur. Après l'avoir accompli, il expliqua son geste :

« Vous m'appelez " le Maître et le Seigneur " et vous dites bien, car je le suis. Dès lors, si je vous ai lavé les pieds, moi le Seigneur et le Maître, vous devez vous aussi vous laver les pieds les uns aux autres ; car c'est un exemple que je vous ai donné : ce que j'ai fait pour vous, faites-le vous aussi. En vérité, en vérité, je vous le dis, un serviteur n'est pas plus grand que son maître, ni un envoyé plus grand que celui qui l'envoie. »

Jean 13, 13-16

À ce moment Jésus était bouleversé, car il savait qu'un de ses disciples allait le trahir. Pierre voulait savoir qui serait le traître, et Jésus répondit qu'il lui passerait le pain. Il tendit le pain à Judas et dit : « Ce que tu as à faire, fais-le vite ». Judas quitta la pièce mais les autres ne comprenaient pas où il allait.

Jésus lava les pieds de Pierre. Il voulait montrer à ses disciples ce que signifie servir.

Le nouveau commandement

Après le départ de Judas, Jésus donna à ses disciples un nouveau commandement :

« Mes petits enfants, je ne suis plus avec vous que pour peu de temps. Vous me chercherez et comme j'ai dit aux Juifs : " Là où je vais, vous ne pouvez venir ", à vous aussi je le dis. Je vous donne un commandement nouveau : aimez-vous les uns les autres. Comme je vous ai aimés, aimez-vous les uns les autres. À ceci tous vous reconnaîtront pour mes disciples : à l'amour que vous aurez les uns pour les autres. »

Jean 13, 33-35

Pierre

Pierre ne comprenait pas vraiment ce que disait Jésus et il lui demanda d'expliquer où il allait. Jésus répondit simplement que Pierre ne pouvait pas encore le suivre là où il irait.

« Seigneur, lui répondit Pierre, pourquoi ne puis-je te suivre tout de suite ? Je me dessaisirai de ma vie pour toi ! »

Jésus répondit : « Te dessaisir de ta vie pour moi ! En vérité, en vérité, je te le dis, trois fois tu m'auras renié avant qu'un coq ne se mette à chanter. »

Jean 13, 37-38

L'Esprit Saint

Jésus rassura ensuite ses disciples, en leur expliquant que tout irait bien, malgré les événements terribles qui se produiraient bientôt, et malgré le fait qu'il était temps pour lui de quitter le monde et de retourner auprès de son Père au ciel.

« Si vous m'aimez, vous vous appliquerez à observer mes commandements ; moi, je prierai le Père : il vous donnera un autre Paraclet qui restera avec vous pour toujours. C'est lui l'Esprit de vérité, celui que le monde est incapable d'accueillir parce qu'il ne le voit pas et qu'il ne le connaît pas. Vous, vous le connaissez, car il demeure auprès de vous et il est en vous. »

Jean 14, 15-17

Puis, avant de quitter la maison, Jésus pria pour ses disciples, demandant à Dieu de les garder sains et saufs.

✠ Le lavement des pieds

L'Évangile de Jean ne mentionne pas le partage du pain et du vin, mais uniquement le lavement des pieds.
La cérémonie du lavement des pieds est pratiquée dans de nombreuses Églises une fois par an, la veille du jour où on célèbre la crucifixion de Jésus. Ce jour est parfois appelé Jeudi Saint.

Quelques Églises chrétiennes pratiquent le lavement des pieds d'autres jours également. Parmi elles, il y a les groupes anabaptistes en Amérique du Nord.
La cérémonie leur rappelle qu'ils doivent être au service les uns les autres et non pas considérer certains dans l'église comme plus importants que d'autres.

L'Archevêque de Canterbury est à la tête de l'Église anglicane. Lorsqu'il a restauré la pratique du lavement des pieds le Jeudi Saint, il a choisi délibérément de laver non seulement les pieds des hommes, comme c'était le cas dans beaucoup d'Églises, mais également ceux des femmes.

43 Jésus est arrêté

Consulte les sources

Jésus prie seul :
Marc 14 ; également Matthieu 26 ; Luc 22

La trahison :
Luc 22 ; également Matthieu 26 ; Marc 14 ; Jean 18

Le reniement de Pierre :
Matthieu 26 ; Marc 14 ; Luc 22 ; Jean 18

Une oliveraie.

Le Mont des Oliviers

L'endroit où Jésus fut trahi se situe sur une colline en dehors de Jérusalem en face du Temple, qui lui était construit sur la colline appelée Mont Sion.

Le nom « Le Mont des Oliviers » suggère qu'à l'époque de Jésus ses pentes étaient couvertes d'oliviers. Ces arbres denses et touffus auraient caché Jésus et ses disciples de leurs ennemis si seulement ils n'avaient pas été conduits vers lui par Judas.

Il faisait nuit à Jérusalem. Jésus avait partagé un repas de fête avec ses amis. Il les avait prévenus des moments difficiles à venir. Judas était sorti seul.

Puis, comme à bien d'autres occasions, Jésus et onze de ses disciples sortirent de la ville, traversèrent le ruisseau Kidron et se dirigèrent vers une oliveraie sur la colline de l'autre côté, le Mont des Oliviers.

Des soldats vinrent arrêter Jésus pour le conduire devant les autorités religieuses.

Jésus prie seul

Matthieu, Marc et Luc disent que dans l'oliveraie, dans le Jardin de Gethsémani, Jésus voulait prier. Il prit Pierre, Jacques et Jean avec lui et leur demanda de veiller avec lui. Puis il s'éloigna pour prier seul.

Sa prière était pleine d'angoisse :

« Abba, Père, à toi tout est possible, écarte de moi cette coupe ! Pourtant, non pas ce que je veux, mais ce que tu veux ! »

Marc 14, 36

Lorsque Jésus revint vers les trois disciples, il les trouva endormis et fut attristé qu'ils n'arrivaient pas à veiller avec lui. Il partit prier une seconde fois, et lorsqu'il revint, ils s'étaient endormis à nouveau. Les trois disciples étaient très gênés. Mais la même chose se produisit une troisième fois. Jésus les réveilla, car il avait aperçu celui qui l'avait trahi.

Jésus regarde Pierre dans ce tableau du XIXe siècle.

La trahison

Judas arriva, ramenant quelques soldats que les autorités religieuses avaient mis à sa disposition. Il s'approcha de Jésus et le salua, comme la coutume le voulait, en l'embrassant. Les hommes armés arrêtèrent aussitôt Jésus. Il y eut une courte altercation ; un des serviteurs du Grand Prêtre perdit une oreille, mais Jésus le guérit, puis se laissa amener par eux.

Le reniement de Pierre

Tous les disciples sauf Pierre s'étaient sauvés. Mais Pierre suivit Jésus, qui fut amené au conseil des prêtres, des anciens et des maîtres de la Loi réunis chez le Grand Prêtre. Pierre s'installa dans la cour, assis près du feu pour se réchauffer.

Puis une servante le croisa. « Toi aussi, tu étais avec Jésus de Nazareth, n'est-ce pas ? » lui dit-elle.

Pierre nia. Puis il l'entendit le répéter à d'autres dans la cour, et une fois de plus il nia. Ensuite un autre des serviteurs vint lui dire la même chose. « D'après ton accent, tu es de Galilée, comme Jésus » dit-il. Une troisième fois Pierre nia.

À l'instant même un coq chanta, car l'aube était sur le point de poindre. Tout à coup, Pierre se souvint que Jésus l'avait prévenu de ce qu'il allait faire, et il en pleura.

✠ Le regard

Luc fournit un détail supplémentaire dans l'histoire de Pierre qui nie connaître Jésus. À la troisième reprise, Luc nous dit que Jésus se retourna et regarda Pierre dans les yeux. C'est ce regard qui rappela à Pierre sa prétention de la veille lorsqu'il avait dit qu'il ne ferait jamais une chose pareille.

L'incident est rappelé dans de nombreuses œuvres d'art. Les chrétiens ont le sentiment qu'il leur arrive souvent à eux aussi de laisser tomber Jésus, tout comme Pierre. Une illustration de ce regard de Jésus leur sert de rappel à être plus fidèles.

44 Jésus au tribunal

Consulte les sources

Jésus au tribunal :
Matthieu 26 ; Marc 14 ; Luc 22 ; Jean 18

Un procès en pleine nuit

La loi juive à l'époque de Jésus interdisait le déroulement des procès pendant la nuit ; une des raisons était d'éviter que le manque de sommeil nuise au bon jugement de tous. L'heure illégale de ce procès et le fait que l'on ait fait appel à de faux témoins sont mentionnés dans les Évangiles pour démontrer que le procès de Jésus devant les autorités juives était complètement injuste.

Ces marches à Jérusalem auraient mené à la maison du grand prêtre, là où s'est déroulé le procès de Jésus. Beaucoup de pèlerins chrétiens croient que Jésus a été traîné à la hâte par ce chemin.

C'était le milieu de la nuit. Jésus regarda la multitude de visages face à lui : les anciens et les maîtres de la Loi qui le haïssaient et qui cherchaient un prétexte pour se débarrasser de lui.

Les témoins furent appelés les uns après les autres, mais, malgré leurs mensonges, il n'y avait pas de preuve contre Jésus. Finalement, le procès ne dépendit plus que d'une seule réponse à une question posée : « Es-tu le Messie, le fils de Dieu ? »

Voici les réponses de Jésus selon les quatre évangélistes :

Matthieu

« Tu le dis. Seulement, je vous le déclare, désormais vous verrez le fils de l'homme siégeant à la droite du Tout-Puissant et venant sur les nuées du ciel. »

Matthieu 26, 64

Marc

« Je le suis, et vous verrez le fils de l'homme siégeant à la droite du Tout-Puissant et venant avec les nuées du ciel. »

Marc 14, 62

Luc

« Si je vous le dis, vous ne me croirez pas ; et si j'interroge, vous ne répondrez pas. Mais désormais le fils de l'homme siégera à la droite du Dieu puissant. »

Ils dirent tous : « Tu es donc le fils de Dieu ! »

Il leur répondit : « Vous-mêmes, vous dites que je le suis. »

Luc 22, 67-70

Jean

L'Évangile de Jean rapporte le procès d'une autre façon. Le grand prêtre questionna Jésus sur son enseignement et Jésus répondit :

« J'ai parlé ouvertement au monde, j'ai toujours enseigné dans les synagogues et dans le temple, où tous les Juifs se rassemblent et je n'ai rien dit en secret. Pourquoi est-ce moi que tu interroges ? Ce que j'ai dit, demande-le à ceux qui m'ont écouté : ils savent bien ce que j'ai dit. »

Jean 18, 20-21

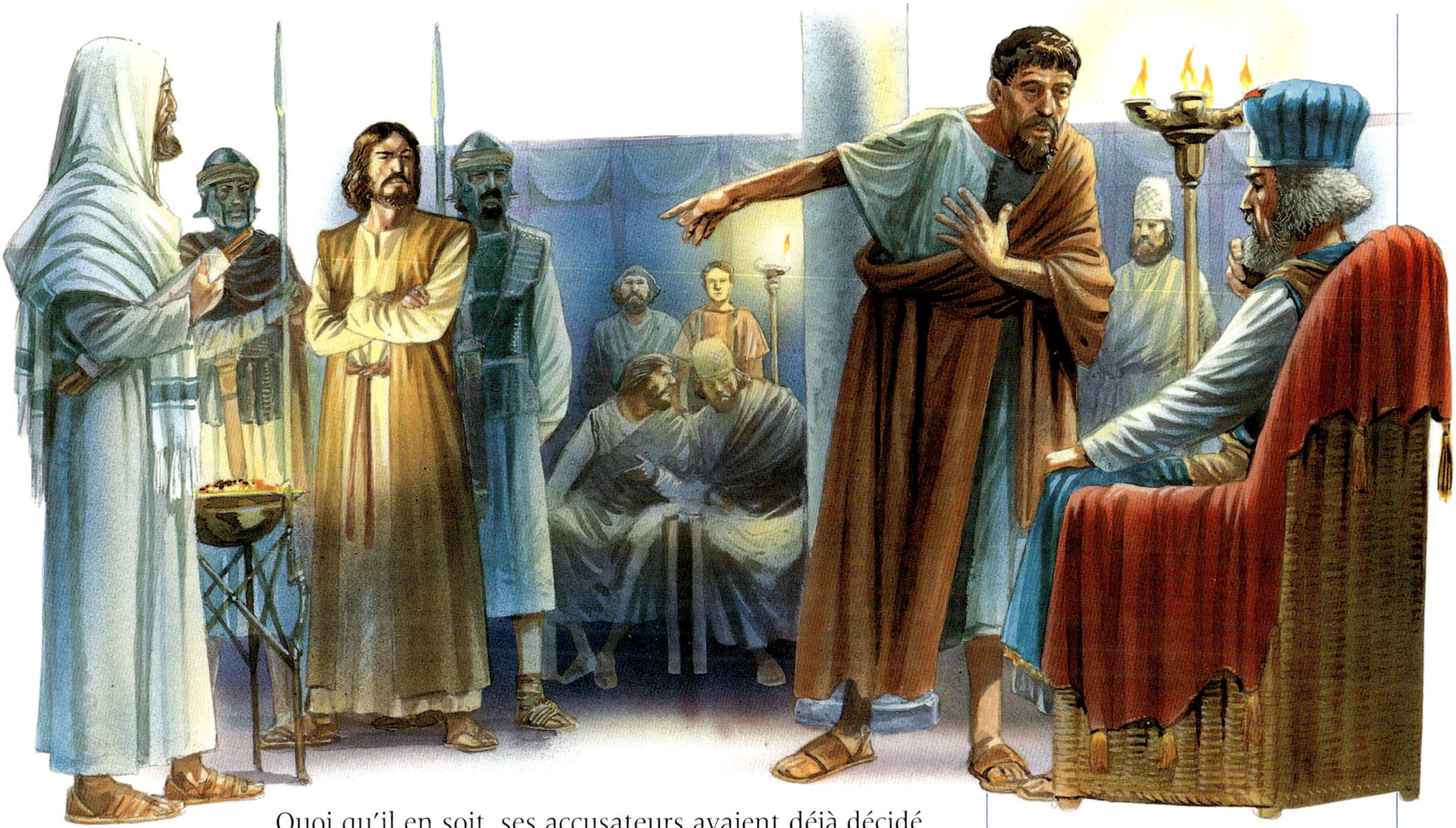

Quoi qu'il en soit, ses accusateurs avaient déjà décidé de son sort. Jésus représentait une menace. Pendant le procès ils lui reprochèrent de faire croire aux gens qu'il avait une relation privilégiée avec Dieu. C'était pour eux un outrage à Dieu : Jésus était coupable de blasphème. Mais ils craignaient surtout que Jésus ne provoque une telle émeute parmi la population que les Romains se retourneraient contre la nation tout entière.

Seules les autorités romaines avaient le droit d'infliger la peine de la mort ; c'est pour cette raison qu'ils amenèrent Jésus ensuite devant Ponce Pilate, le gouverneur.

Des témoins apportèrent leurs accusations contre Jésus devant le grand prêtre et tout le Conseil juif.

Le grand prêtre

Il y avait douze pierres précieuses incrustées dans le pectoral que le grand prêtre portait sur sa poitrine – une pierre pour chacune des douze tribus d'Israël – pour symboliser leur foi que Dieu portait son peuple dans son cœur.

Le procès nocturne de Jésus eut lieu dans le palais du grand prêtre, qui s'appelait Caïphe. À l'époque de Jésus, le grand prêtre était désigné par les Romains : ils voulaient que celui qui occupe ce poste si influent soit quelqu'un qui les soutiendrait. Il était sûrement connu davantage pour son habileté politique que pour sa piété !

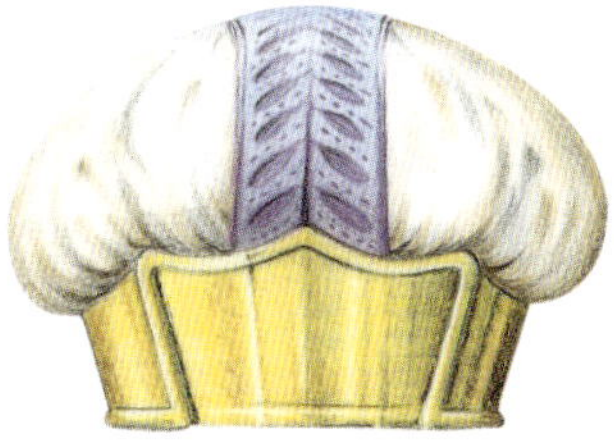

Le grand prêtre portait un turban de cérémonie. Selon les instructions données à l'époque de Moïse, le fleuron en or devait porter l'inscription « consacré au Seigneur ».

45 Jésus et Pilate

Consulte les sources

Jésus et les Romains :
Marc 12 ; également Matthieu 22 ; Luc 20

Jésus et Pilate :
Marc 15 ; Jean 18 ; également Matthieu 27 ; Luc 23

Voici l'homme :
Jean 19 ; également Matthieu 27 ; Marc 15

Judas :
Matthieu 27 ; Actes 1

Jésus et les Romains

Les Évangiles n'ont pas grand chose à dire sur Jésus et les Romains, à l'exception d'une histoire de guérison, celle du serviteur d'un soldat romain qui fut guéri à cause de la foi de son maître.

Cependant, quelques jours avant le procès, les Pharisiens tentèrent de tendre un piège à Jésus afin qu'il dise quelque chose à propos des Romains pour laquelle il pourrait être condamné.

Ils lui demandèrent s'il fallait ou non payer l'impôt à l'empereur. Jésus répondit :

« Pourquoi me tendez-vous un piège ? Apportez-moi une pièce d'argent, que je voie ! »
Ils en apportèrent une.
Jésus leur dit : « Cette effigie et cette inscription, de qui sont-elles ? »
Ils lui répondirent : « De César. »
Jésus leur dit : « Rendez à César ce qui est à César, et à Dieu ce qui est à Dieu. » Et ils restaient à son propos dans un grand étonnement.

Marc 12, 15-17

Le gouverneur romain, Ponce Pilate, ne s'intéressait pas réellement à Jésus. Sa responsabilité était d'assurer la soumission du pays à la loi romaine et à l'empereur. Lorsque les autorités religieuses amenèrent Jésus devant lui pour blasphème, il en était plutôt embarrassé. Il ne comprenait pas les lois religieuses des Juifs et ne s'en souciait point.

Pilate questionna Jésus, mais ne trouva aucun motif pour le condamner. Luc dit qu'il l'envoya chez le roi de Galilée, Hérode, et que lui non plus ne trouva pas de plainte à porter contre lui. Pilate se serait satisfait de le renvoyer après l'avoir fait flageller, mais les autorités religieuses persistèrent à réclamer la peine de la mort.

Barabbas était un rebelle et un meurtrier.

Pilate tenta autre chose :

À chaque fête, il leur relâchait un prisonnier, celui qu'ils réclamaient. Or celui qu'on appelait Barabbas était en prison avec les émeutiers qui avaient commis un meurtre pendant l'émeute. La foule monta et se mit à demander ce qu'il leur accordait d'habitude. Pilate leur répondit : « Voulez-vous que je vous relâche le roi des Juifs ? » Car il voyait bien que les grands prêtres l'avaient livré par jalousie.

Les grands prêtres excitèrent la foule pour qu'il leur relâche plutôt Barabbas. Prenant encore la parole, Pilate leur disait : « Que ferai-je donc de celui que vous appelez le roi des Juifs ? »

De nouveau, ils crièrent : « Crucifie-le ! »

Pilate leur disait : « Qu'a-t-il donc fait de mal ? »

Ils crièrent de plus en plus fort : « Crucifie-le ! »

Pilate, voulant contenter la foule, leur relâcha Barabbas et il livra Jésus, après l'avoir fait flageller, pour qu'il soit crucifié.

Marc 15, 6-15

Selon Matthieu, la femme de Pilate ft parvenir un message à son mari lui demandant de ne pas se mêler de l'exécution de Jésus.

✠ Voici l'homme

Selon l'Évangile de Jean, Pilate ordonna à ses soldats de flageller Jésus, avant de décider s'il allait le condamner à mort ou non. Les soldats l'habillèrent d'une robe de couleur royale et le couronnèrent avec des épines. Jésus était habillé ainsi lorsque Pilate l'amena devant la foule afin que celle-ci décide de sa punition. Les paroles qu'il prononça ont été traduites en Latin par « Ecce homo », puis en français par « Voici l'homme ». Nombreuses sont les œuvres d'art qui illustrent ce moment.

Le royaume de Jésus

Les ennemis de Jésus racontèrent à Pilate que Jésus prétendait être le roi des Juifs, ce qui le faisait passer pour un rebelle. Lorsque Pilate lui demanda si c'était vrai, il lui répondit ceci :

« Ma royauté n'est pas de ce monde. Si ma royauté était de ce monde, les miens auraient combattu pour que je ne sois pas livré aux Juifs. Mais ma royauté, maintenant, n'est pas d'ici. »

Pilate lui dit alors : « Tu es donc roi ? »

Jésus lui répondit : « C'est toi qui dis que je suis roi. Je suis né et je suis venu dans le monde pour rendre témoignage à la vérité. Quiconque est de la vérité écoute ma voix. »

Jean 18, 36-37

Pilate ne comprenait pas vraiment cette réponse, mais il conclut tout de même que Jésus ne méritait pas la mort.

Selon Matthieu, Pilate se lava les mains en public pour montrer qu'il ne voulait pas être tenu pour responsable de la mort de Jésus.

Ponce Pilate

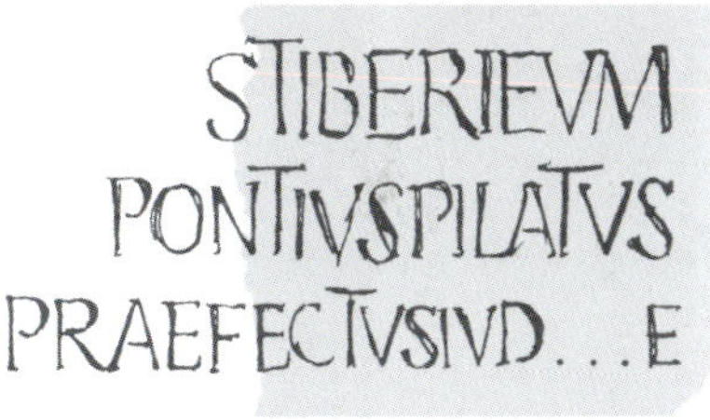

La dalle en pierre ci-dessus a été découverte à Césarée, une ville au bord de mer. Sous la photo se trouve la transcription du texte, y compris les lettres devenues illisibles. Le texte nous apprend que Pilate édifia un lieu de culte à l'empereur Tibère – appelé un « Tiberium » – lorsqu'il était préfet de la région. Cette pierre est une preuve que les récits de la vie de Jésus appartiennent à l'histoire établie.

Judas

Lorsque Judas apprit que Jésus avait été condamné, il prit l'argent qu'on lui avait versé et tenta de le rendre aux prêtres, disant qu'il avait péché en trahissant un homme innocent. Les prêtres ne s'en souciaient pas. Matthieu raconte que Judas jeta l'argent par terre puis sortit et se pendit.

Luc dit dans les Actes qu'il acheta un champ et qu'il fit une chute mortelle.

46 Le chemin vers la mort

Consulte les sources

Le chemin vers la croix :
Marc 15 ; Jean 19 ; également Matthieu 27 ; Luc 23

Porter la croix :
Luc 23 ; également Matthieu 27 ; Marc 15

Les rochers apparents sur cette colline, située proche de la vieille ville de Jérusalem, ressemblent à un crâne, ce qui fait croire à certains que c'est ici l'endroit appelé jadis Golgotha.

Le site de la crucifixion

Personne ne peut identifier avec certitude le lieu où Jésus a été crucifié. Les Évangiles disent que c'était en dehors de la ville, à côté d'une route, et visible de loin – peut être sur une colline. L'endroit s'appelait Golgotha, qui veut dire le « lieu du crâne ».

Selon certaines traductions modernes de la Bible et de nombreux cantiques, c'est au Calvaire que Jésus a été crucifié. Ce mot nom propre vient du mot latin « crâne. »

« Le roi des Juifs ? » Les soldats trouvèrent dans la plainte déposée contre Jésus l'occasion de faire preuve de grande cruauté. Ils l'habillèrent avec une robe de couleur pourpre, le pourpre que portait l'empereur comme signe de son rang. Ils lui confectionnèrent ensuite une couronne d'épines et l'enfoncèrent sur sa tête, puis lui donnèrent un bâton comme symbole de son pouvoir. Ensuite ils se moquèrent de leur « roi ».

Les soldats sortirent Jésus de la forteresse romaine Antonia pour le crucifier.

Cette image nous donne une idée de la route vers la croix au temps de Jésus.

Porter la croix

Ensuite les soldats lui remirent ses propres vêtements et l'obligèrent à porter les poutres de sa croix. Sur la route vers le lieu d'exécution, ils croisèrent un homme appelé Simon qui se rendait de Cyrène à Jérusalem. Les soldats l'obligèrent à porter les poutres.

Luc nous dit qu'une grande foule suivaient Jésus, parmi laquelle se trouvaient des femmes qui pleuraient sur son sort. Jésus se retourna et leur dit de pleurer pour elles-même plutôt que pour lui, car des moments difficiles les attendaient.

Les soldats conduisirent Jésus au lieu d'exécution en dehors des murs de la ville – un lieu appelé le lieu du Crâne ou, en hébreu, Golgotha.

Jésus a été conduit par les rues de Jérusalem vers un lieu à l'extérieur des murs de la ville.

Ce tableau montre une des stations de la croix – celle où Simon de Cyrène reçoit l'ordre d'aider Jésus à porter la croix.

✠ Les stations du chemin de croix

Chaque vendredi à Jérusalem, des chrétiens parcourent à pied le Chemin de Croix, une route traditionnelle à travers la ville. Ils s'arrêtent à différents endroits le long du chemin pour se souvenir des événements relatés par les Évangiles et en particulier ce qui s'est passé pendant le trajet de Jésus vers sa crucifixion.

Ces haltes s'appellent les « stations du chemin de croix ». Selon la tradition il y en a quatorze, puis une quinzième qui commémore la résurrection. Dans beaucoup d'églises on trouve quinze tableaux alignés sur les murs qui permettent aux chrétiens de « cheminer avec Jésus ».

Dans certains pays il est traditionnel de placer les stations de la croix du bas en haut d'une colline, un calvaire. Des pèlerins montent vers la croix située au sommet.

47 Jésus est crucifié

Consulte les sources

Jésus est crucifié :
Jean 19 ; Luc 23 ; Marc 15 ; également Matthieu 27

INRI :
Jean 19 ; également Matthieu 27 ; Marc 15 ; Luc 23

Les soldats ont parié pour gagner la tunique de Jésus. On voit ici un tableau de jeu romain retrouvé sur une dalle dans une rue de Jérusalem.

Lorsqu'ils arrivèrent au lieu d'exécution, les soldats offrirent à Jésus une boisson vinaigrée pour soulager la douleur, mais il la refusa. Puis ils ont procédé à la crucifixion en le fixant avec des clous sur la croix en bois.

Ensuite les quatre soldats se partagèrent ses affaires. Jean dit qu'ils ne voulaient pas déchirer en quatre la tunique de Jésus, qui était tissée d'une seule pièce. Ils décidèrent de jouer aux dés pour déterminer qui la gagnerait.

Les deux brigands

Deux criminels furent crucifiés également ce jour-là, l'un à la gauche de Jésus et l'autre à sa droite. Luc raconte que l'un d'entre eux, tout comme la foule, se moquait de Jésus en disant que, s'il était vraiment le Messie, il devait le montrer en se sauvant lui-même et les deux brigands avec lui.

Mais l'autre le reprit en disant : « Tu n'as même pas la crainte de Dieu, toi qui subis la même peine ! Pour nous, c'est juste : nous recevons ce que nos actes ont mérité ; mais lui n'a rien fait de mal. »

Et il disait : « Jésus, souviens-toi de moi quand tu viendras comme roi. »

Jésus lui répondit : « En vérité, je te le dis, aujourd'hui, tu seras avec moi dans le paradis. »

Luc 23, 40-43

La reconstruction d'une croix du premier siècle.

✠ INRI

On clouait au sommet des croix des crucifiés une pancarte indiquant leur crime. Pilate rédigea la pancarte pour la croix de Jésus : « Jésus de Nazareth, le roi des Juifs ». Les grands prêtres demandèrent qu'il le modifie en rajoutant « Cet homme a prétendu qu'il était le roi des Juifs » mais Pilate répondit que ce qu'il avait écrit devait rester tel quel.

Le texte en latin commence par les lettres INRI, qui sont souvent représentés sur les illustrations de la croix.

IESUS
NAZARENVS
REX IVDAEORVM

Latin

ישוע הנצרי
מלך היהודים

Hébreu

ΙΗCΟΥC Ο ΝΑΖΑΡΑΙΟC
Ο ΒΑCΙΛΕΥC ΤΩΝ
ΙΟΥΔΑΙΩΝ

Grec

Les Évangiles racontent chacun une version des paroles de Jésus lorsqu'il était sur la croix :

Le pardon et la confiance

Luc nous dit que Jésus pria pour ses bourreaux :

« Père, pardonne-leur car ils ne savent pas ce qu'ils font. »

Luc 23, 34

Pendant que Jésus s'affaiblissait, le ciel s'obscurcit pendant trois heures. Puis le rideau du Temple qui servait à voiler le Saint des Saints s'est déchiré. Jésus poussa un grand cri :

« Père, entre tes mains, je remets mon esprit. »
Et, sur ces mots, il expira.

Luc 23, 46

Marc et Matthieu se sont souvenus qu'un des soldats qui a vu Jésus mourir était bouleversé et dit : « Vraiment, celui-ci était Fils de Dieu. »

Le désespoir

Marc dit qu'au bout de trois heures interminables d'obscurité Jésus s'écria :

« Eloï, Eloï, lama sabaqthani ? »

Marc 15, 34

Cela signifie : « Mon Dieu, mon Dieu, pourquoi m'as-tu abandonné ? » Puis quelqu'un s'approcha pour lui offrir à boire d'une éponge trempée dans du vinaigre, mais Jésus mourut.

Matthieu rajoute que la terre a tremblé, que des sépultures se sont ouvertes et que l'on a vu des morts rentrer à pied à Jérusalem. Enfin chez Jean, Jésus dit :

« Tout est achevé » et, inclinant la tête, il remit l'esprit.

Jean 19, 30

Lorsque les soldats vinrent pour s'informer de l'état des trois condamnés, Jésus était déjà mort ; mais ils lui enfoncèrent une épée dans les côtes. Quant aux deux autres, ils durent casser leurs jambes afin d'accélérer leur mort.

Le jubé très orné d'une église anglicane de Cornouaille en Angleterre.

✠ Le jubé

Le jubé est une galerie qui séparait le chœur de la nef dans les églises du Moyen Âge. Le peuple restait devant le jubé tandis que les prêtres officiaient près de l'autel, derrière le jubé.

Le haut du jubé était décoré d'une illustration de Jésus sur la croix, entouré de Marie qui le regarde d'un côté et du disciple Jean de l'autre côté.

Le jubé servait de symbole pour indiquer que l'on ne s'approche de la sainteté de Dieu qu'à travers ce que Jésus a accompli en mourant sur la croix.

Le mot « jubé » signifie en latin « daigner », le premier mot du chant « Daignez bénir, Seigneur » que l'on chantait devant le jubé.

48 L'ensevelissement de Jésus

Consulte les sources

L'ensevelissement de Jésus :
Matthieu 27 ; Marc 15 ; Luc 23 ; Jean 19

✠ La pietà

« La pietà » est le nom donné à des portraits de Marie, la mère de Jésus, tenant le corps de son fils. Les Évangiles ne relatent pas à proprement parler ce geste, mais ils précisent que Marie était présente à la crucifixion et qu'elle resta avec les disciples par la suite.

Jésus fut crucifié la veille du sabbat juif. Il importait donc de l'ensevelir avant le commencement du repos du sabbat, au coucher du soleil le jour même.

Un homme appelé Joseph d'Arimathie vint réclamer le corps de Jésus auprès de Pilate. Ce dernier demanda au gardien de confirmer que le prisonnier était bien mort. Puis Joseph eut l'autorisation d'aller prendre le corps. Il l'enveloppa dans un linceul et le fit porter au tombeau, qu'il referma ensuite avec une énorme dalle de pierre ronde en guise de porte. Joseph avait acheté ce tombeau pour lui-même ; c'était un caveau taillé dans le rocher qui n'avait encore jamais servi.

Jean raconte qu'un homme appelé Nicodème accompagna Joseph pour préparer le corps en vue de l'enterrement. Selon les autres Évangiles, c'est un groupe de femmes qui s'en chargèrent, et selon Marc et Matthieu il s'agissait de Marie de Magdala et une autre Marie.

La garde du tombeau

Selon Matthieu, les autorités religieuses étaient toujours soucieuses de ce que pouvaient faire les disciples de Jésus. Le jour même du sabbat ils allèrent voir Pilate pour le prévenir que Jésus avait dit qu'il ressusciterait ; il était donc très important que son corps soit bien gardé pour empêcher son entourage de répandre des rumeurs sur sa résurrection. Pilate leur accorda un gardien pour monter la garde devant le tombeau, et ils scellèrent la porte afin de garantir qu'elle ne serait pas ouverte sans laisser de trace.

La Tombe du Jardin est un lieu de pèlerinage très fréquenté à Jérusalem.

✠ Où Jésus fut-il enseveli ?

Il existe deux lieux à Jérusalem où les pèlerins chrétiens se recueillent pour commémorer la mise au tombeau de Jésus.

L'un est appelé la « Tombe du Jardin ». Au XIXe siècle un officier de l'armée britannique, le général Gordon, suggéra que cette tombe puisse être celle de Jésus. La tombe consiste en une pièce au plafond bas, taillée dans le rocher, avec une banquette tout autour où l'on déposait des corps, mais aujourd'hui le site est délabré et l'entrée est bouchée par un vilain mur de fortune.

Des recherches plus récentes suggèrent en effet, que cette tombe est plus ancienne que l'époque de Jésus et ne peut donc être celle que Joseph d'Arimathie avait préparée. Cependant, il s'agit clairement d'un tombeau ancien, et comme il est entouré de jardins bien entretenus et paisibles, le site demeure un lieu de visite apprécié des chrétiens.

L'autre lieu se trouve dans l'église du Saint Sépulcre. Peu de temps après la mort de Jésus, la ville de Jérusalem fut détruite puis reconstruite par les Romains. Ce n'est qu'en 326 ap. J.-C., lorsque l'empereur Constantin se convertit au christianisme, que l'on commença à redécouvrir les sites importants de la vie de Jésus. Les chrétiens vivant dans la région suggérèrent quels endroits il fallait fouiller, puis un tombeau fut dégagé. Une grande partie du rocher fut taillée afin d'en faire un monument autour du tombeau. Le lieu a subi des dégâts au fil des siècles à cause de tremblements de terre, d'incendies et de guerres, mais les pèlerins continuent à affluer et, peu à peu, ont construit une église.

Selon bon nombre d'historiens, ce site pourrait très bien être le lieu où Jésus a effectivement été enseveli.

Dans l'église du Saint Sépulcre, très ornée, se trouve le tombeau dit tradionnellement tombeau du Christ.

✠ Semaine Sainte

Dans plusieurs Églises chrétiennes, la semaine qui commence par le dimanche des Rameaux s'appelle la Semaine Sainte. Pendant ces sept jours les disciples avaient compris que Jésus ne deviendrait pas roi sur terre, mais qu'il plaçait sa confiance en Dieu qui remporterait une victoire d'un autre genre, celle de la résurrection !

Une couronne d'épines symbolise le choix de Jésus : celui du chemin de la souffrance.

Joseph d'Arimathie

L'homme qui descendit le corps de Jésus de la croix était membre du conseil juif qui avait organisé le procès contre Jésus. Il n'était pas d'accord avec leur verdict, mais son opinion n'avait pas suffi pour sauver Jésus.

Grâce à son rang, les autorités romaines ne renvoyèrent pas Joseph d'Arimathie lorsqu'il vint leur demander le corps de Jésus.
Le fait qu'il possédait un tombeau prêt pour son propre décès montre qu'il était fortuné.

49 Tôt le matin

Consulte les sources

La résurrection :
1 Corinthiens 15

Tôt le matin :
Matthieu 28 ; Marc 16 ; Luc 24 ; Jean 20

Marie de Magdala :
Marc 16 ; Luc 8 ; Jean 20

La résurrection

Le miracle du retour de Jésus de la mort à la vie s'appelle la résurrection. Elle est au cœur même de la foi chrétienne. Paul, l'une des personnes les plus importantes dans la diffusion de la foi chrétienne après la mort de Jésus, écrit :

Si Christ n'est pas ressuscité, notre prédication est vide et vide aussi votre foi…

Si Christ n'est pas ressuscité, votre foi est illusoire, vous êtes encore dans vos péchés. […]

Si nous avons mis notre espérance en Christ pour cette vie seulement, nous sommes les plus à plaindre de tous les hommes.

1 Corinthiens 15, 14.17.19

Paul poursuit cependant en affirmant son entière confiance au miracle de la résurrection de Jésus et sa conviction profonde que Dieu ressuscitera tous ceux qui croient en Jésus Christ. Il affirme que l'Écriture sera accomplie :

« La mort a été engloutie dans la victoire. »

1 Corinthiens 15, 54

Le lendemain du sabbat, à l'aurore, des femmes se rendirent au tombeau.

Les chrétiens croient que, de même qu'une graine doit tomber dans la terre avant de pousser, de même nous devons tous mourir avant de rentrer au Royaume de Dieu.

Le tremblement de terre et l'ange

Matthieu dit que Marie de Magdala et une autre Marie allèrent au tombeau. Il y eut un tremblement de terre, puis un ange roula la pierre pour ouvrir la tombe. Les soldats qui montaient la garde s'écroulèrent comme morts. L'ange dit aux femmes que Jésus était vivant et qu'il les précédait en Galilée. Alors qu'elles couraient dire la nouvelle aux disciples, elles rencontrèrent Jésus et furent comblées de joie.

Pendant ce temps, les gardiens allèrent raconter aux autorités religieuses ce qui s'était passé. Ils reçurent de l'argent en échange de leur promesse de répandre la rumeur que l'entourage de Jésus avait volé son corps.

La porte ouverte et l'ange

Marc nous apprend que trois femmes se rendirent au tombeau : Marie de Magdala, Marie la mère de Jacques, et Salomé. Elles apportaient des épices pour préparer le corps du mort. Elles se demandaient comment elles allaient rouler la pierre pour ouvrir la tombe lorsqu'elles virent que la pierre avait été déplacée et que l'entrée était dégagée. À l'intérieur se trouvait un jeune homme vêtu de blanc. Il leur dit que Jésus était vivant et qu'il se rendait en Galilée. Elles partirent en courant, terrifiées.

Le tombeau vide

Luc dit que Marie de Magdala, Jeanne et Marie la mère de Jacques allèrent au tombeau avec des épices. Elles trouvèrent la porte en pierre ouverte et la tombe vide. Alors qu'elles se demandaient ce que signifiait tout cela, deux hommes en vêtements éblouissants apparurent et se tinrent devant elles.

« Pourquoi cherchez-vous le vivant parmi les morts ?
Il n'est pas ici, mais il est ressuscité. »

Luc 24, 5-6

Les femmes allèrent raconter ce qu'elles avaient vu aux disciples, mais aucun d'eux ne les cru. Pierre courut cependant au tombeau et vit le linceul qui avait entouré le corps, mais rien d'autre.

L'homme au jardin

Jean rapporte que Marie de Magdala alla tôt le dimanche matin au tombeau, qu'elle trouva ouvert et vide. Elle se dépêcha d'aller chercher Pierre et Jean, qui entrèrent et virent les bandelettes et le linge. Les disciples rentrèrent chez eux, mais Marie resta près du tombeau. Lorsqu'elle regarda de nouveau à l'intérieur, elle vit deux anges vêtus de blanc. Ils lui demandèrent pourquoi elle pleurait. Elle répondit : « On a enlevé mon Seigneur et je ne sais où on l'a mis. »

Puis elle se retourna. Un homme se tenait là, et lui aussi demanda pourquoi elle pleurait.

Croyant qu'il était le jardinier, elle lui dit : « Si c'est toi qui l'as enlevé, dis-moi où tu l'as mis et j'irai le prendre ».

Jésus lui dit : « Marie ! »

Marie le reconnut aussitôt : c'était Jésus, son cher maître.

Et Marie alla l'annoncer tout de suite aux disciples.

Marie de Magdala reconnaît Jésus.

✠ Le jour de Pâques

Le jour de la résurrection de Jésus est nommé dans le calendrier de l'Église le jour de Pâques (à ne pas confondre avec le jour de la Pâque juive). C'est la fête la plus importante de l'année chrétienne. Cette fête n'a pas lieu à une date fixe ; la date est calculée ainsi : après l'équinoxe du 21 mars (date à laquelle le jour et la nuit ont la même durée), les chrétiens attendent la prochaine pleine lune. Le jour de Pâques est fixé au premier dimanche qui suit cette pleine lune.

Ce jour-là, beaucoup de chrétiens se rendent à l'église à l'aube pour célébrer Pâques au lever du soleil.

Marie de Magdala

Selon Marc et Luc, Marie de Magdala était dévouée à Jésus depuis qu'il l'avait guérie du pouvoir destructeur de sept démons. Une tradition de l'Église l'identifie avec la femme de mauvaise réputation qui avait lavé les pieds de Jésus.

Elle fut donc la première personne à rencontrer le Christ ressuscité. Son histoire rappelle aux chrétiens que, malgré l'ampleur des fautes que l'on a commises, on peut toujours suivre Jésus et devenir son ami.

50 Jérusalem et Galilée

Consulte les sources

Thomas l'incrédule :
Jean 20

La route d'Emmaüs :
Luc 24 ; également Marc 16

Je vais à la pêche :
Jean 21

Trois questions :
Jean 21

✠ Thomas l'incrédule

Pauvre Thomas ! Il était sorti lorsque Jésus le ressuscité apparut aux autres disciples. On ne s'étonne donc pas de ce qu'il eut du mal à croire que les autres avaient vu Jésus vivant alors que lui-même ne l'avait pas vu. Cependant, à cause de cet incident, il est connu par son surnom, Thomas l'incrédule. Lorsque quelqu'un aujourd'hui a du mal à se laisser convaincre de quelque chose, on dit de lui qu'il est comme saint Thomas.

Le jour de la résurrection et pendant les quarante jours suivants, les disciples virent Jésus, parlèrent et partagèrent des repas avec lui.

La route d'Emmaüs

Le dimanche matin, deux des disciples de Jésus se rendaient à pied de Jérusalem à Emmaüs. Un homme qui prenait la même route les rejoignit et leur demanda de quoi ils parlaient. L'un d'eux, nommé Cléopas, lui expliqua que tout le monde parlait de Jésus de Nazareth – celui en qui tous avait mis leur espoir pour libérer leur peuple, mais qui avait été exécuté et qui, d'après les rumeurs, avait été vu vivant.

L'homme leur expliqua ensuite que tout ce qui était arrivé était conforme à ce que les prophètes avaient prédit concernant le Messie. Les deux disciples furent intrigués et invitèrent cet homme à les rejoindre pour la nuit. Lorsqu'ils s'assirent pour manger, l'homme prononça la bénédiction et rompit le pain. C'était Jésus lui-même !

Soudain, l'homme disparut. Cléopas et son compagnon se dépêchèrent de rentrer à Jérusalem et de rejoindre les disciples.

Luc raconte ensuite que les deux hommes venaient de terminer leur récit aux disciples lorsque Jésus apparut parmi eux. Il leur montra les blessures de ses mains et ses pieds, puis il mangea le repas pour prouver qu'il n'était pas un fantôme. L'Évangile de Marc raconte l'histoire d'une manière similaire.

Jean précise que dix seulement parmi les onze disciples qui restaient après la mort de Judas, le traître, se trouvaient ensemble dans une chambre à Jérusalem ce dimanche soir. Ils étaient comblés de joie en voyant Jésus, et lorsque le onzième, Thomas, revint, ils lui racontèrent avec émotion la nouvelle. Mais Thomas n'arrivait pas à croire ce qu'ils disaient.

« Si je ne vois pas dans ses mains la marque des clous, si je n'enfonce pas mon doigt à la place des clous et si je n'enfonce pas ma main dans son côté, je ne croirai pas ! »
Jean 20, 25

Une semaine passa. Une fois de plus ils se retrouvèrent tous ensemble dans une pièce fermée à clé. Jésus apparut à nouveau et demanda à Thomas de le toucher.

Thomas lui répondit : « Mon Seigneur et mon Dieu. » Jésus lui dit : « Parce que tu m'as vu, tu as cru ; bienheureux ceux qui, sans avoir vu, ont cru. »
Jean 20, 28-29

Lorsque Thomas a vu les blessures de Jésus il a cru qu'il était ressuscité des morts.

L'Évangile de Matthieu raconte simplement que Jésus rencontra ses disciples sur une colline en Galilée. Jean, par contre, fournit encore un autre récit dans lequel Jésus apparaît à ses disciples, cette fois-ci en Galilée, après leur rencontre à Jérusalem.

Je vais à la pêche

Sept des disciples, y compris Pierre et Jean, se retrouvaient au bord du lac Galilée.

« Je vais à la pêche » dit Pierre. C'était le métier qu'il avait exercé avant de rencontrer Jésus.

Les autres décidèrent de l'accompagner. Mais, malgré leurs années expérience, ils n'ont rien attrapé de toute la nuit. Lorsque le soleil se leva ils mirent le cap vers le rivage. Un homme les regarda.

Il les appela : « Jeunes hommes, n'avez-vous pas un peu de poisson ? »

« Pas un seul » répondirent-ils.

Il leur dit : « Jetez le filet du côté droit de la barque et vous en trouverez. »

Ils jetèrent le filet et aussitôt il y eut tant de poissons qu'ils ne pouvaient pas le ramener à bord.

Puis Jean regarda l'homme de plus près. « C'est le Seigneur ! » dit-il à Pierre. Dès qu'il l'eut entendu Pierre se jeta à la mer et rejoignit la rive, laissant aux autres le soin de ramener le bateau. Jésus avait préparé un feu de braise, et il leur demanda de lui apporter des poissons pour les faire cuire.

Trois questions

Pendant la rencontre de Jésus avec ses disciples en Galilée, il demanda à Pierre à trois reprises s'il l'aimait.

Une troisième fois, Jésus dit : « Simon, fils de Jean, m'aimes-tu ? »

Pierre fut attristé de ce que Jésus lui avait dit une troisième fois : « M'aimes-tu ? » Et il reprit : « Seigneur, toi qui connais toutes choses, tu sais bien que je t'aime. »

Jean 21, 17

Jésus demanda à Pierre de prendre soin de tous ceux qui le suivaient et de lui rester fidèle jusqu'à la mort. C'est comme s'il donnait à Pierre l'occasion de se rattraper pour les trois fois qu'il avait nié connaître Jésus le soir de son arrestation.

Pierre sauta du bateau afin d'être le premier à rejoindre le rivage… là où Jésus les attendait.

51 Jésus fait ses adieux

Consulte les sources

Jésus fait ses adieux :
Matthieu 28 ; Luc 24 ; également Marc 16 ; Jean 20, 21 et Actes 1

Jésus monte au ciel :
Luc 24 ; Actes 1 ; également Marc 16

Lorsque Jésus apparut à ses disciples, il leur expliqua la signification de tout ce qui était arrivé. Il leur demanda de continuer l'œuvre qu'il avait commencée.

« Le Christ souffrira et ressuscitera des morts le troisième jour, et on prêchera en son nom la conversion et le pardon des péchés à toutes les nations à commencer par Jérusalem. »
Luc 24, 46-47

« Allez donc : de toutes les nations faites des disciples, les baptisant au nom du Père et du fils et du Saint Esprit, leur apprenant à garder tout ce que je vous ai prescrit. »
Matthieu 28, 19-20

✠ Le baptême

Dans beaucoup d'Églises, ceux qui viennent d'embrasser la foi chrétienne sont accueillis par la cérémonie du baptême. Au moment où ils sont plongés dans l'eau ou aspergés d'eau, on prononce les mots « au nom du Père, du Fils et du Saint Esprit ». Ce sont les mots que Jésus a donné à ses disciples lorsqu'il leur a confié la tâche de baptiser. Celui qui reçoit le baptême promet d'obéir aux commandements de Jésus.

Certaines Églises baptisent les nouveau-nés ; dans ce cas les parents, ainsi que les parrains et marraines s'engagent à faire connaître Jésus à l'enfant et à lui apprendre à vivre selon ses enseignements.

Dans certaines Églises, une coupelle en argent en forme de coquillage sert à verser l'eau sur la tête du baptisé.

Pierre proposa à la foule de choisir entre Joseph et Matthias pour remplacer Judas Iscarioth.

Jésus monte au ciel

Luc nous donne la version la plus détaillée de ce qui arriva ensuite.

Jésus amena les disciples hors de Jérusalem, jusqu'à Béthanie. Là il leva les mains et les bénit, et pendant sa bénédiction il les quitta et fut enlevé au ciel.

Un nuage le cacha de la vue des disciples. Pendant qu'ils fixaient encore le ciel du regard, apparurent soudain deux hommes vêtus de blanc à leurs côtés.

« Pourquoi restez-vous là à regarder vers le ciel ? demandèrent-ils. Ce Jésus qui vous a été enlevé pour le ciel viendra de la même manière que vous l'avez vu s'en aller vers le ciel. »

Après sa disparition les onze disciples retournèrent à Jérusalem et bénissaient Dieu dans le Temple. Ils se réunissaient souvent pour prier ensemble avec les femmes qui étaient restées fidèles à Jésus. Marie, la mère de Jésus, fit partie du groupe, ainsi que d'autres membres de sa famille et que Luc décrit comme ses frères.

Un jour, environ cent vingt fidèles étaient réunis. Pierre leur annonça qu'il trouvait souhaitable de choisir quelqu'un pour remplacer Judas Iscarioth. Il proposa deux personnes : Joseph et Matthias.

Ensuite ils prièrent tous ensemble, demandant à Dieu de leur montrer lequel des deux devait être désigné, puis il tirèrent au sort et c'est Matthias qui fut choisi.

✠ L'Ascension

Le retour de Jésus au ciel est commémoré dans beaucoup d'Églises chrétiennes ; cette fête s'appelle l'Ascension. Elle a lieu un jeudi, quarante jours après Pâques.

Le site traditionnel de l'Ascension, près de Jérusalem. Une chapelle a été érigée autour d'une empreinte en forme de pieds.

Les apôtres

Les douze disciples appelés par Jésus sont également connus sous le nom d'apôtres.
Le mot « apôtre » signifie « celui qui est envoyé ». Les disciples furent envoyés par Jésus pour annoncer la bonne nouvelle de Jésus et du Royaume des cieux.

Les Actes des Apôtres

Luc rédigea un deuxième livre, la suite de son Évangile. C'est le récit qui décrit ce qui est arrivé à ceux qui avaient suivi Jésus. Ce livre, appelé les Actes des apôtres ou simplement les Actes, fait partie du Nouveau Testament.

52 L'Esprit Saint

Jésus recommanda à ses disciples d'attendre à Jérusalem jusqu'à ce qu'ils reçoivent la puissance de Dieu, le Saint Esprit.

Dix jours après le retour de Jésus au ciel eut lieu la fête juive de la récolte, la Pentecôte. Jérusalem était de nouveau rempli de pèlerins du monde entier.

Les disciples de Jésus étaient tous réunis. Soudain, ils entendirent un bruit comme celui d'un vent fort, et quelque chose qui ressemblait à des langues de feu se répandit et toucha la tête de chacun.

Ils furent transformés par la puissance de Dieu – « remplis de l'Esprit Saint » – et subitement ils étaient capables de parler d'autres langues. Rapidement une foule se réunit autour d'eux : les pèlerins entendaient ces gens de la région parler de Dieu et des merveilles qu'il avait accomplies dans leurs propres langues. Cela les intriguait.

Les disciples se retrouvèrent dans une pièce fermée à clé, car ils craignaient de sortir.

Consulte les sources

L'esprit saint :
Actes 2

Les dons de l'Esprit :
1 Corinthiens 12-14

✠ Parler en langues

Le jour de la Pentecôte, les apôtres se mirent à parler des langues que les pèlerins venus d'autres régions de l'Empire comprenaient.

Dans certaines Églises, parler « en langues » fait encore partie intégrante de la louange. De nos jours, ceux qui le pratiquent disent en général que Dieu leur donne la capacité de parler en langues que personne, y compris eux-mêmes, ne comprend, mais que leurs paroles les inspirent tous à louer Dieu.

La branche de l'Église qui a été la première à réintroduire cette pratique s'appelle l'Église Pentecôtiste, en souvenir de la première Pentecôte chrétienne.

Lorsque les disciples reçurent la force de l'Esprit Saint de Dieu,
ils se précipitèrent dehors pour annoncer la bonne nouvelle de Jésus à tout Jérusalem.

Alors Pierre se leva et s'adressa à la foule. Il expliqua que tout ce qui avait été annoncé dans les Écritures juives était en train de s'accomplir. Il déclara aussi, que Jésus, qui avait été crucifié, Dieu l'avait ressuscité : c'est lui le Messie que tous attendaient.

Les gens restaient perplexes. « Que devons-nous faire ? » demandèrent-ils.

Pierre leur répondit : " Convertissez-vous ; que chacun de vous reçoive le baptême au nom de Jésus Christ pour le pardon de ses péchés, et vous recevrez le don du Saint Esprit... Sauvez-vous de cette génération dévoyée. "

Actes 2, 38-40

Beaucoup d'entre eux furent convaincus par le discours de Pierre, et trois mille personnes furent baptisées.

Jésus, par sa vie et par sa mort, avait déjà transformé son entourage. Maintenant son message allait transformer le monde.

✠ Pentecôte

La Pentecôte est fêtée chaque année dans la plupart des Églises. Elle a lieu cinquante jours après Pâques. Les chrétiens prient pour que l'Esprit Saint de Dieu les inspire.

Les dons de l'Esprit

Paul, un des premiers chrétiens, affirma que les dons de l'Esprit Saint n'étaient pas réservés à ceux qui étaient présents le jour de la Pentecôte. Dans une lettre, il expliqua à ce sujet :

" Il y a diversité de dons de la grâce, mais c'est le même Esprit, diversité de ministères, mais c'est le même Seigneur, diversité de modes d'action, mais c'est le même Dieu qui, en tous, met tout en œuvre. À chacun est donnée la manifestation de l'Esprit en vue du bien de tous. "

1 Corinthiens 12, 4-7

Il croyait que chaque chrétien avait un don spécifique que Dieu lui avait accordé quelque chose qui contribuerait à la vie de l'Église.

Cependant, il rajouta que la tâche la plus importante pour les chrétiens était de faire preuve d'un amour sans faille les uns pour les autres.

" Maintenant donc ces trois-là demeurent, la foi, l'espérance et l'amour, mais l'amour est le plus grand. "

1 Corinthiens 13, 13

53 La communauté de Jérusalem

Consulte les sources

Miracles et prodiges :
Actes 2-4
Les diacres :
Actes 6
Les croyants de Jérusalem :
Actes 2-5
Étienne :
Actes 6-7

Miracles et prodiges

Peu de temps après leur première prédication, Pierre et Jean accomplirent un miracle spectaculaire à Jérusalem en guérissant une personne handicapée. Celle-ci mendiait, assise devant le Temple depuis des années. Bien d'autres miracles eurent lieux également, et beaucoup de gens crurent au message des apôtres.

✠ Les diacres

Les apôtres choisirent sept assistants pour s'occuper des détails pratiques et de l'organisation. Le mot grec pour « serviteur », (diakonos) est la source du mot « diacre » en français. Beaucoup d'Églises donnent ce titre à ceux qui remplissent un rôle particulier dans l'Église.

Après la fête de la Pentecôte, de plus en plus de gens croyaient à la bonne nouvelle concernant Jésus. Ils se comportaient comme une grande famille, partageant ce qu'ils possédaient afin que personne ne soit dans le besoin. Ils se réunissaient chez les uns et les autres pour partager des repas joyeux. Même ceux qui ne croyaient pas en Jésus furent impressionnés par leur façon de vivre.

Un ange fait sortir Pierre et Jean de la prison.

Des problèmes à l'horizon

Les autorités religieuses à Jérusalem étaient fort inquiètes. Après tout, c'était eux qui avaient arrangé l'exécution de Jésus. Ils ne s'attendaient pas à ce que ses disciples se regrouperaient avec autant d'enthousiasme et succès. Ils ordonnèrent que Pierre et Jean soient amenés devant eux, puis ils leur commandèrent fermement d'arrêter leur prédication. Mais Pierre et Jean répliquèrent :

" Qu'est-ce qui est juste aux yeux de Dieu : vous écouter ? ou l'écouter, lui ? À vous d'en décider ! Nous ne pouvons certes pas, quant à nous, taire ce que nous avons vu et entendu. "

Actes 4, 19-20

Ils furent relâchés avec un avertissement, mais ils continuèrent à annoncer la Bonne Nouvelle. Le conseil juif les fit alors jeter en prison, mais – d'après le récit de Luc – dans la nuit, un ange ouvrit les portes de la prison et les fit sortir. Les apôtres retournèrent au Temple et poursuivirent leur prédication.

Le conseil les fit arrêter une seconde fois, aussi discrètement que possible, et leur ordonna à nouveau de cesser leur prédication au sujet de Jésus et de sa résurrection. Une fois de plus, ils refusèrent. Plusieurs membres du conseil souhaitaient les faire mourir, mais l'un d'eux, Gamaliel, prit la parole.

Il leur rappela l'histoire de deux hommes qui avaient entraîné à leur suite beaucoup de monde. Mais une fois morts, tous se dispersèrent.

Gamaliel continua :

"Alors, je vous le dis, ne vous occupez donc plus de ces gens et laissez-les aller ! Si c'est des hommes en effet que vient leur résolution ou leur entreprise, elle disparaîtra d'elle-même ; si c'est de Dieu, vous ne pourrez pas les faire disparaître. N'allez pas risquer de vous trouver en guerre avec Dieu !"
Actes 5, 38-39

Étienne

C'est à peu près à cette époque que les apôtres se rendirent compte qu'ils passaient plus de temps que de raison à organiser le partage de l'argent parmi les membres de la communauté. Ils souhaitaient consacrer davantage de temps à la prédication, et dans ce but ils désignèrent sept assistants pour s'occuper des détails pratiques et financiers. Un de ceux-ci s'appelait Étienne. Il accomplissait des miracles au nom de Jésus. Un jour il se laissa entraîner dans un débat avec des Juifs à propos de Jésus. Ne pouvant remporter le débat par des arguments, ils traînèrent Étienne devant le conseil juif.

Une fois de plus, Étienne exposa des arguments qui justifiaient la foi en Jésus. Il fit un long discours dans lequel il cita des passages des Écritures juives pour montrer comment, à maintes reprises, le peuple avait rejeté les commandements de Dieu.

"Lequel des prophètes vos pères n'ont-ils pas persécuté ? Ils ont même tué ceux qui annonçaient d'avance la venue du Juste, celui-là même que maintenant vous avez trahi et assassiné. Vous aviez reçu la Loi promulguée par des anges, et vous ne l'avez pas observée."
Actes 7, 52-53

Les conseillers en colère, traînèrent Étienne hors de la ville. Ils ôtèrent leur manteau et les confièrent à un jeune homme nommé Saul. Puis enfreignant la loi romaine qui stipulait que seul un officier romain pouvait prononcer la peine de la mort, ils lapidèrent Étienne.

Luc raconte comment Étienne, agonisant, regarda vers le ciel et vit la gloire de Dieu, et Jésus qui se tenait à la droite de Dieu.

Selon une légende, Laurent fut attaché à une grille métallique et rôti jusqu'à la mort pour avoir refusé d'abandonner sa foi. On dit qu'il resta impassible et même de bonne humeur jusqu'à la fin.

✠ Les martyrs

En mourant pour sa foi, Étienne devint le premier martyr du christianisme. Pendant les siècles suivants, de nombreux chrétiens romains furent jetés aux lions pendant les jeux du cirque. Tout au long de l'histoire depuis ce temps, beaucoup de chrétiens ont souffert le martyre à cause de leur foi. Ils sont vénérés par l'Église pour leur confiance en Dieu alors qu'ils affrontaient la mort.

54 Au-delà de Jérusalem

Consulte les sources

Philippe :
Actes 8

Pierre et Corneille :
Actes 10

Cette carte montre les lieux visités par des disciples de Jésus pour annoncer le message du christianisme.

Pierre apporta la bonne nouvelle de Jésus à un officier romain à Césarée, une ville garnison sur la côte qui possédait un magnifique amphithéâtre romain.

Après la lapidation d'Étienne, les autorités religieuses de Jérusalem tentèrent de rassembler les croyants et de les faire jeter en prison. Saul, qui était témoin de la scène et qui approuvait ce meurtre, se rendit de maison en maison à la recherche des chrétiens.

Mais d'une certaine façon, en agissant ainsi, les autorités religieuses ont permis à la nouvelle de se répandre d'autant plus vite. Les croyants fuyaient en effet vers les lieux où ils se sentaient en sécurité, et tout le long de leur chemin, ils racontaient l'histoire de Jésus.

Philippe

Philippe, un des sept assistants des disciples, se rendit en Samarie. Les Juifs pratiquants méprisaient les Samaritains et critiquaient leur interprétation de la foi juive, mais Philippe était heureux de pouvoir prêcher au sujet de Jésus parmi eux. Beaucoup crurent et furent baptisés. Pierre et Jean vinrent les bénir, et pendant qu'ils posaient leurs mains sur eux, ces nouveaux fidèles furent remplis de l'Esprit Saint.

Ensuite Philippe voyagea vers le sud, sur la route de Jérusalem à Gaza. En chemin il aperçut un Éthiopien qui se déplaçait en char. Il était chargé de la trésorerie de la reine d'Éthiopie. Philippe se sentit poussé par le Saint Esprit à s'en approcher pour lui parler, et lorsqu'il fut près de lui, il remarqua que l'Éthiopien lisait le livre d'Isaïe, un des livres des Écritures juives. Il expliqua à l'Éthiopien que le prophète avait prédit la venue de Jésus.

L'officier fut convaincu. Lorsqu'il vit un point d'eau à côté de la route, il demanda à être baptisé sur le champ. Un étranger – un Gentil – était devenu disciple de Jésus.

Philippe faccepta de baptiser un Éthiopien qui souhaitait devenir chrétien.

Pierre et Corneille

Pierre voyageait, lui aussi, pour annoncer la bonne nouvelle de Jésus. Ses miracles provoquèrent l'émerveillement de beaucoup – en particulier dans la ville de Joppé où il ressuscita une femme appelée Tabitha. Ses amies veuves étaient venue chez elle pour pleurer son décès. Quand elles comprirent que Pierre l'avait ramenée à la vie, elles l'annoncèrent à tous ceux qu'elles connaissaient !

Un jour à Joppé, Pierre sortit sur le toit de la maison où il logeait, afin de prier seul. Il eut faim, mais le repas n'était pas encore prêt. Dans la chaleur de midi, il eut une vision : il vit une sorte de toile qui descendait du ciel et qui était pleine d'animaux de toutes sortes. Une voix lui dit : « Lève-toi, Pierre ! Tue et mange. »

Pierre refusa. Ces animaux étaient tous en effet interdits aux Juifs comme nourriture. Puis la voix reprit : « Ce que Dieu a rendu pur, tu ne vas pas, toi, le déclarer immonde ! » Cela se produisit trois fois.

À ce moment précis, des voyageurs arrivèrent. Ils avaient été envoyés par Corneille, un officier romain qui vivait à Césarée, la ville garnison. Il admirait la foi juive ; un ange lui avait rendu visite pour lui dire de faire venir Simon Pierre.

Peu à peu, Pierre comprit que la vision était un message de la part de Dieu, lui disant que la barrière qui séparait les Juifs des Gentils était en train de s'effondrer. Les lois juives ne lui permettaient pas de rendre visite à un Gentil, mais Dieu voulait qu'il se rende chez Corneille pour lui parler de Jésus, à lui et à toute sa maison.

Des messagers d'un officier romain demandèrent à Pierre de venir lui parler de Jésus, à lui et à toute sa maison.

Peu de temps après avoir été accueilli chez Corneille, il commença à prêcher ainsi : « Dieu vient de me faire comprendre qu'il est impartial et que quiconque le craint et pratique la justice trouve accueil auprès de lui, peu importe sa race. »

Pendant que la maisonnée romaine écoutait le récit de la vie, la mort et la résurrection de Jésus, ils furent remplis de l'Esprit Saint. C'était comme au jour de la Pentecôte. La nouvelle de cette rencontre se répandit parmi tous les croyants, et même ceux de Jérusalem étaient contraints d'admettre que Juifs et Gentils étaient tous les bienvenus dans le Royaume de Dieu.

L'empereur Néron ordonne l'exécution d'un prisonnier. On pense qu'il fit crucifier Pierre, et que Pierre demanda à être crucifié la tête en bas pour signifier qu'il n'était pas digne de mourir de la même façon que Jésus.

Que sont devenus les disciples ?

On ne sait pas grand-chose de ce qui est arrivé aux disciples après la résurrection.

Pierre était marié et a probablement voyagé avec sa femme pour répandre le message de Jésus. Il est allé jusqu'à Rome d'où il a envoyé une lettre aux autres communautés chrétiennes. Une deuxième lettre qui porte son nom fait également partie du Nouveau Testament. Il est probable que Pierre fut exécuté par Néron, l'empereur tristement célèbre.

Jean annonça également la Bonne Nouvelle avec énergie, malgré l'exécution de son frère Jacques à Jérusalem. On pense qu'il s'est établi à Éphèse avec Marie, la mère de Jésus. Selon la tradition, c'est lui qui a rédigé l'Évangile de Jean. Beaucoup pensent qu'il est également l'auteur des lettres du Nouveau Testament qui portent son nom. Une tradition rapporte que, déjà très âgé, il recommanda aux autres de se souvenir avant tout de cette parole de Jésus : « Petits enfants, aimez-vous les uns les autres. »

55 Jésus apparaît à Saul

Consulte les sources

Luc et Paul : *Actes 16*

Jésus apparaît à Saul : *Actes 9 ; 13 ; 22 ; 26*

Saul devient Paul : *1 Corinthiens 1 ; Actes 9, 1-19*

Les chrétiens : *Actes 11*

Luc et Paul

L'histoire de Paul est racontée dans le livre de Luc, les Actes des Apôtres. Il semblerait que Luc ait rejoint Paul lors d'un de ses voyages ; on le constate dans le passage suivant qui se lit comme un journal de voyage :

Prenant la mer à Troas, nous avons mis le cap directement sur Samothrace ; puis, le lendemain, sur Néapolis et de là nous sommes allés à Philippes, ville principale du district de Macédoine et colonie romaine. Nous avons passé quelque temps dans cette ville. Le jour du sabbat, nous en avons franchi la porte, pour gagner, le long d'une rivière, un endroit où, pensions-nous, devait se trouver un lieu de prière ; une fois assis, nous avons parlé aux femmes qui s'y trouvaient réunies.

Actes 16, 11-13

Les ruines de Philippes – une des villes visitées par Luc et Paul.

Un grand nombre de disciples de Jésus avaient fuit Jérusalem après l'arrestation d'Étienne, alors que Saul continuait à pourchasser ceux qui étaient restés. C'était un Juif pieux, donc offensé à l'idée que les « fausses rumeurs » à propos de Jésus égaraient les Juifs.

Il partit, avec la bénédiction du grand prêtre, pour Damas, car il avait entendu dire que des disciples de Jésus prêchaient dans des synagogues de la ville.

Alors qu'il s'approchait de la ville, une lumière du ciel l'enveloppa de son éclat. Tombant à terre, il entendit une voix qui lui disait : « Saul, Saul, pourquoi me persécuter ? » « Qui es-tu, Seigneur ? » demanda-t-il. « Je suis Jésus, c'est moi que tu persécutes, dit la voix. Mais relève-toi, entre dans la ville, et on te dira ce que tu dois faire. »

Sur le chemin de Damas, Paul fut aveuglé par une lumière éclatante. Puis il entendit Jésus lui parler.

Ses compagnons de voyage pouvaient entendre la voix, mais ne voyaient personne. Saul se trouva subitement aveugle, et c'est en le conduisant par la main que ses compagnons le firent entrer dans Damas.

Au même moment, un chrétien de Damas eut une vision de Dieu lui demandant de trouver Saul et de lui expliquer l'œuvre de Jésus.

Saul commence à prêcher

Saul, avec une grande ferveur, se mit à prêcher et à annoncer la bonne nouvelle de Jésus dans les synagogues. Il était si persuasif que certains Juifs de Damas souhaitaient le faire mourir. Les amis de Saul le firent sortir de la ville en le faisant descendre le long de la muraille dans une corbeille.

Puis, il regagna Jérusalem où les chrétiens, qui n'avaient rien oublié de son passé, se méfiaient de lui. C'est par l'intermédiaire de Barnabé, qui croyait à son histoire, qu'il fut accepté.

Pendant ce temps, la nouvelle de Jésus continuait à se propager. Une communauté de croyants s'était constituée à Antioche. Saul et

Barnabé y passèrent une année. Ensuite les fidèles décidèrent que c'était la volonté de Dieu d'envoyer Saul et Barnabé en mission pour annoncer la nouvelle plus loin encore.

Saul devient Paul

En voyageant à travers l'Empire, Saul était connu sous le nom de Paul, la variante romaine de son prénom. Il se rendit dans de nombreux lieux et, pour rester en contact avec les communautés nouvellement constituées, il entreprit une correspondance remplie d'enseignements et d'encouragements. Ses lettres étaient très appréciées ; on les recopiait pour les faire circuler à d'autres communautés. Plusieurs de ces lettres (épîtres) se trouvent dans la Bible.

Paul finit par rencontrer des difficultés avec les autorités. Il fut arrêté. Mais son statut de citoyen romain lui fut utile, car il put faire appel et réclamer un procès devant l'empereur.

Les dernières années de sa vie se passèrent en liberté surveillée à Rome, où il continua à écrire des lettres au sujet de Jésus.

Paul était animé jusqu'au bout de la conviction inébranlable que Jésus était ressuscité des morts. La résurrection de Jésus était le signe du pouvoir de Dieu qui accorde une vie nouvelle à tous ceux qui croient en lui. Paul a écrit :

C'est par Lui que vous êtes dans le Christ Jésus, qui est devenu pour nous sagesse venant de Dieu, justice, sanctification et délivrance.

1 Corinthiens 1, 30

✠ L'Église

Très tôt, chaque groupe de croyants fut appelé une « Église ». Le terme se réfère aux personnes et non pas à un bâtiment. C'est dans les synagogues ou des lieux de réunion publics que la nouvelle de Jésus fut prêchée, et les croyants se réunissaient chez les uns et les autres.

✠ Les chrétiens

Luc mentionne dans ses Actes que c'était à Antioche que le nom « chrétiens » a été attribué pour la première fois à ceux qui croyaient en Jésus. En acceptant ce nom, les croyants affirment leur foi en Jésus comme le Messie de Dieu, le Christ de Dieu (voir p. 6).

Cette série de cartes montre les trois voyages missionnaires de Paul et son ultime voyage à Rome.

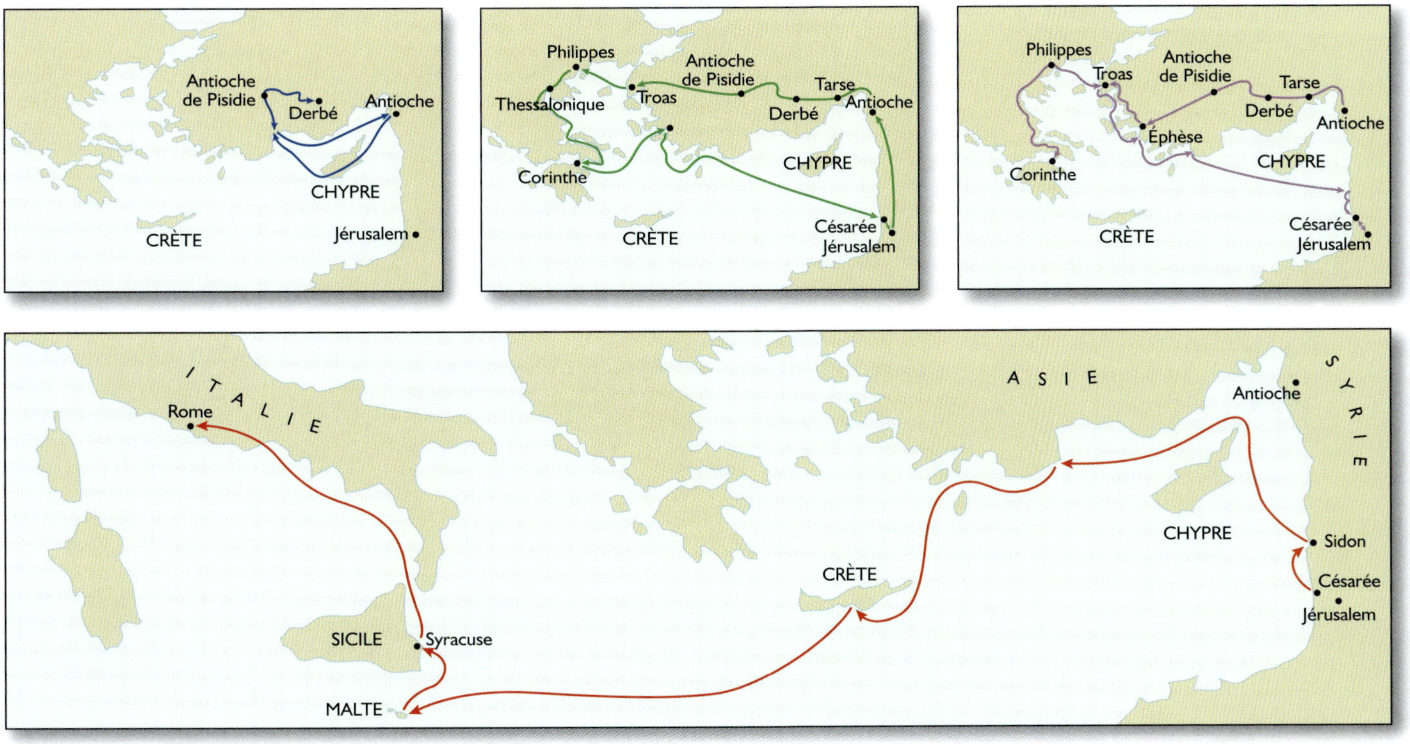

56 Une vision de Jésus

Consulte les sources

Attendant Jésus :
1 Thessaloniciens 5, 2 ; 2 Thessaloniciens 3

L'espoir à travers la persécution :
Apocalypse 1, 22

Le ciel :
Jean 14 ; Apocalypse 21 et 22

Les saints :
Apocalypse 13

En attendant Jésus

Certains chrétiens s'attendaient au retour très rapide de Jésus. Paul écrivit aux chrétiens de Thessalonique en donnant des conseils sur leur manière de vivre en attendant ce retour :

Soyons revêtus de la cuirasse de la foi et de l'amour, avec le casque de l'espérance du salut.

1 Thessaloniciens 5, 8

Nous vous y exhortons, frères : reprenez ceux qui vivent de manière désordonnée, donnez du courage à ceux qui en ont peu ; soutenez les faibles, soyez patients envers tous. Prenez garde que personne ne rende le mal pour le mal, mais recherchez toujours le bien, entre vous et à l'égard de tous.

Soyez toujours dans la joie, priez sans cesse, rendez grâce en toute circonstance, car c'est la volonté de Dieu à votre égard dans le Christ Jésus.

1 Thessaloniciens 5, 14-18

Quant à vous, frères,
ne vous lassez pas de faire le bien.

2 Thessaloniciens 3, 13

Un chrétien appelé Jean a rédigé le récit d'une vision extraordinaire. Dans cette vision, il vit Jésus qui tenait sept étoiles dans sa main. Jésus lui expliqua qu'elles étaient les sept églises auxquelles il devait adresser des mots d'avertissement et d'encouragement.

Les premiers chrétiens croyaient que Jésus reviendrait un jour, et que son retour marquerait le début d'un monde nouveau.

Le doute à Thessalonique

Au fur et à mesure que le temps passait et qu'un certain nombre d'entre eux mouraient, les fidèles commencèrent à perdre confiance. Certains chrétiens à Thessalonique étaient si sûrs du retour imminent de Jésus qu'ils avaient abandonné leur travail. Paul leur dit qu'ils devaient continuer à mener une vie normale, car Dieu seul savait quand aurait lieu la fin du temps.

L'espoir à travers la persécution

Entre-temps, la vie était souvent difficile pour ceux qui se déclaraient chrétiens. À la fin du premier siècle, l'empereur Domitien déclencha une nouvelle vague de persécutions. Il condamna un chrétien appelé Jean aux travaux forcés et l'envoya sur l'île de Patmos pour avoir annoncé la Bonne Nouvelle concernant Jésus.

Pendant son séjour sur l'île, Jean eut une vision de Jésus :

Je vis… quelqu'un qui semblait un fils d'homme. Il était vêtu d'une longue robe, une ceinture d'or lui serrait la poitrine ; sa tête et ses cheveux étaient blancs comme laine blanche, comme neige, et ses yeux étaient comme une flamme ardente ; ses pieds semblaient d'un bronze précieux, purifié au creuset, et sa voix était comme la voix des océans ; dans sa main droite, il tenait sept étoiles, et de sa bouche sortait un glaive acéré, à deux tranchants. Son visage resplendissait, tel le soleil dans tout son éclat.

Apocalypse 1, 12-16

L'ange montre la ville céleste à Jean.

Le ciel

Les descriptions dans l'Apocalypse ont inspiré la conception traditionnelle du ciel, le nouveau paradis, dans le christianisme.

Ce paradis est décrit comme une ville construite d'or pur et entourée de hauts remparts percés de douze portes faites de perle. Un fleuve d'eau vive traverse la ville, et de chaque côté du fleuve se trouve un arbre de vie. Il n'y a ni soleil, ni lune, ni étoiles, mais seulement la lumière de Dieu et de Jésus.

Les chrétiens croient qu'ils iront au ciel, car Jésus dit :

« Que votre cœur ne se trouble pas : vous croyez en Dieu, croyez aussi en moi. Dans la maison de mon Père, il y a beaucoup de demeures ; sinon vous aurais-je dit que j'allais vous préparer le lieu où vous serez ? … Je reviendrai et je vous prendrai avec moi, si bien que là où je suis, vous serez vous aussi. »

Jean 14, 1-3

Une vision du ciel

Le livre de Jean poursuit avec une description du ciel lui-même. Il vit des êtres humains, des animaux, et de nombreuses créatures étranges. Parmi eux, il y avait un agneau assis sur un trône, un symbole de Jésus, qui était mort comme un agneau tué en sacrifice.

Les événements énigmatiques de ce livre décrivent le conflit du bien et du mal. Beaucoup de lecteurs y voyaient un message d'encouragement, une affirmation que l'empire romain ne détruirait pas la foi chrétienne.

À la fin du livre, Jean eut une vision d'un nouveau ciel et d'une nouvelle terre. Dans ce monde nouveau, la mort et le chagrin étaient vaincus, et ceux qui aimaient Dieu le louaient avec joie. Jean termine par ce message de la part de Jésus :

Voici, je viens bientôt, et ma rétribution est avec moi, pour rendre à chacun selon son oeuvre. Je suis l'Alpha et l'Oméga, le Premier et le Dernier, le commencement et la fin.

Heureux ceux qui lavent leurs robes, afin d'avoir droit à l'arbre de vie, et d'entrer, par les portes, dans la cité… Moi, Jésus, j'ai envoyé mon ange pour vous apporter ce témoignage au sujet des Églises. Je suis le rejeton et la lignée de David, l'étoile brillante du matin.

Le livre de Jean, intitulé l'Apocalypse, est le dernier livre de la Bible. Il se termine avec ces mots :

Celui qui atteste cela dit : « Oui, je viens bientôt. Amen, viens Seigneur Jésus ! La grâce du Seigneur Jésus soit avec tous ! »

Apocalypse 22, 12-16 et 20-21

Les saints

Dans certaines traductions anciennes de la Bible, ceux qui croient en Jésus sont appelés des « saints » ; ce mot signifie qu'ils sont le peuple de Dieu.

La tradition de certaines Églises est d'attribuer le titre de « saint » aux individus dont la vie a été un exemple éclatant de foi et qui ont été associés à des miracles reconnus.

Un des saints les plus appréciés du christianisme est saint François d'Assise. Celui-ci avait pris les paroles de Jésus comme modèle pour une vie de pauvreté et d'humilité.

57 Jésus et l'Église

Consulte les sources

Ce qu'il faut croire :
Genèse 1 ; Psaume 33 ; Jean 3 ; Matthieu 26 ; Marc 14 ; Luc 22 ; Actes 10 ; 1 Corinthiens 15

✠ Ichthus

Ichthus est le mot grec pour désigner le poisson. Le poisson servait de signe de reconnaissance parmi les chrétiens persécutés. Les premières lettres du mot rappelaient aux chrétiens l'identité de Jésus et la foi qu'ils avaient en lui.

IESOUS	Jésus
CHRISTOS	Christ
THEOU	de Dieu
HUIOS	Fils
SOTER	Sauveur

Chi-Rho

Le symbole adopté par l'empereur Constantin est le Chi-Rho – les deux premières lettres du mot « Christ » dans l'alphabet grec. Le Chi-Rho est souvent incorporé dans les décors des églises.

Au fur et à mesure que les années passaient, ceux qui avaient connu Jésus commençaient à vieillir puis à mourir. Cependant, le nombre de chrétiens ne cessa de croître, malgré les suspicions des empereurs romains et les persécutions fréquentes.

Jésus et l'empereur

En l'an 312 l'empereur romain, Constantin, se préparait à la bataille. La veille du jour où ses armées devaient commencer l'assaut, il eut une vision. Dans le ciel, il vit le symbole de la croix des chrétiens. Autour de la croix était inscrits les mots en latin *In hoc signo vinces* : « par ce signe, tu vaincras. »

Cette nuit-là, Constantin fit un rêve dans lequel Jésus lui apparut et lui dit de prendre ce symbole pour sien. Le lendemain il remporta la bataille, et par la suite il établit le christianisme comme religion officielle de l'empire. Même s'il semble invraisemblable que Jésus aurait forcé quiconque à devenir son disciple, il ne reste pas moins vrai que l'édit de Constantin favorisa l'expansion du christianisme.

Est et ouest

Dès les premiers temps deux Églises étaient importantes : celle de Rome, au centre de l'empire, et celle de Constantinople, plus à l'est. Au fil des ans, la liturgie et la théologie de ces deux Églises évoluèrent de façon différente, jusqu'à ce qu'elles finissent par se séparer au XIe siècle. L'Église de l'ouest prit le nom Église catholique romaine, et celle de l'est, Église orthodoxe orientale. « Catholique » signifie « universelle » et « orthodoxe » est composé de deux mots grecs, « orthos » et « doxa » qui signifient « vraie doctrine ».

Catholiques et Protestants

Tout au long du Moyen Âge, l'Église catholique romaine détenait de grandes richesses et exerçait un grand pouvoir en Europe. Il y avait beaucoup de chrétiens sincères qui tentaient de vivre selon l'enseignement de Jésus, mais l'institution semblait être corrompue.

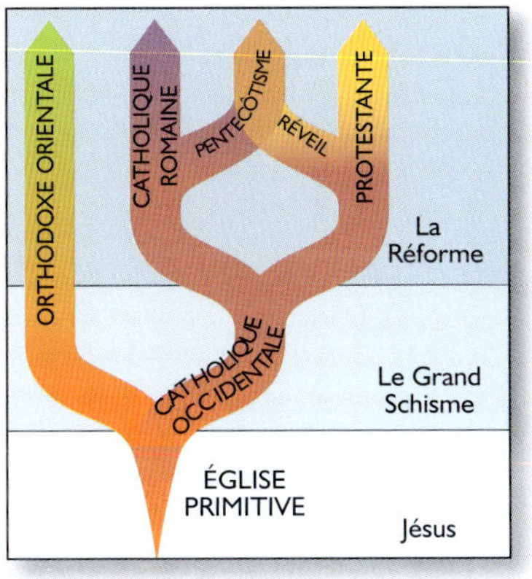

Ce schema montre la formation des principales Églises chrétiennes.

Au XVIe siècle, un moine catholique, Martin Luther, afficha une liste de questions qu'il souhaitait discuter avec les autorités. Ses questions concernaient les différences entre ce que faisait l'Église et ce que disait la Bible. La rupture entre Luther et l'Église catholique fut définitive en 1521.

De plus en plus de chrétiens souhaitaient lire la Bible eux-mêmes et découvrir ainsi son enseignement. Ils furent appelés Protestants. De nombreux groupes de Protestants se formèrent, y compris les Luthériens, les Réformés et les Baptistes.

Le Réveil et les Pentecôtistes

En 1906, certains membres d'une Église protestante de Los Angeles avaient commencé à expérimenter le même genre de phénomènes que les disciples le jour de la Pentecôte : ils se sentaient remplis du Saint Esprit et parlaient en langues. Certains découvrirent le don de guérison « au nom de Jésus ». Bientôt des groupes pentecôtistes émergèrent un peu partout. Depuis ce temps le mouvement pentecôtiste a touché de nombreuses branches de l'Église.

Une Église, une foi, un Seigneur

Depuis que Jésus a marché sur cette terre, il y a deux mille ans, la foi en lui n'a cessé de se répandre autour du globe. Des chrétiens de toutes les branches de l'Église ont témoigné de l'importance de leur foi et ont entrepris de grandes œuvres pour promouvoir la paix et la justice. En même temps, malheureusement, les chrétiens se sont souvent disputés entre eux sur des questions telles que la meilleure façon d'organiser une Église, ou l'importance relative de telle ou telle croyance. Cependant, tous les chrétiens admettent que Jésus doit être au centre de la foi : que son enseignement et son exemple doivent servir de modèle pour les croyants, et que sa mort et sa résurrection ouvrent le chemin à tout homme qui désire appartenir au peuple de Dieu.

✠ Ce qu'il faut croire

Depuis le début, les chrétiens ont débattu pour déterminer exactement ce qu'il faut croire. Pour cette raison, il y a eu de nombreuses tentatives pour établir une déclaration de foi, ou « crédo ». La déclaration ci-dessous, appelé le « Symbole des Apôtres », date du IIe siècle. Récitée encore par beaucoup de chrétiens dans le monde entier, elle tente de résumer ce qui importe de croire au sujet de Jésus en se basant sur le témoignage de ses premiers disciples.

Je crois en Dieu le Père
tout-puissant, créateur
du ciel et de la terre

Et en Jésus-Christ, son Fils
unique, notre Seigneur ; qui
a été conçu du Saint Esprit,
est né de la Vierge Marie,
a souffert sous Ponce Pilate,
a été crucifié, est mort et
a été enseveli ;
est descendu aux enfers,
le troisième jour est ressuscité
des morts, est monté aux cieux,
est assis à la droite de Dieu,
le Père tout-puissant,
d'où il viendra juger
les vivants et les morts.

Je crois en l'Esprit-Saint,
à la sainte Église catholique,
à la communion des saints,
à la rémission des péchés,
à la résurrection de la chair
à la vie éternelle.
Amen.

58 Jésus dans le monde aujourd'hui

Consulte les sources

Une église croissante :
Matthieu 28 ; Jean 10

Foi et louange :
Hébreux 10

✠ La culture chrétienne

Depuis son arrivée en Europe, le christianisme a eu une influence très importante sur ce continent. Cette influence s'est élargie au monde entier grâce à l'émigration, à la colonisation et au travail missionnaire. On constate la présence de la culture chrétienne même chez ceux qui se déclarent non pratiquants. Noël, par exemple, est une fête importante pour beaucoup. Elle s'accompagne de décors somptueux et de dépenses extravagantes, mais offre tout de même l'occasion de raconter de génération en génération l'histoire de la naissance de Jésus. On préfère encore se marier à l'Église, et beaucoup de personnes se tournent vers elle pour trouver espérance et consolation lors d'un deuil.

Jésus de Nazareth est mort il y a deux mille ans. Il est né dans une famille ouvrière ordinaire vivant dans un lieu isolé de l'empire romain. Aujourd'hui, son nom est plus connu que celui de n'importe quel empereur.

Une Église en croissance

Une personne sur trois dans le monde se déclare chrétien. Dans certains pays, y compris ceux où le christianisme est la religion principale depuis des siècles, on constate souvent que de moins en moins de gens fréquentent les églises. Cependant, dans d'autres régions du monde le nombre de croyants est en forte augmentation et les paroisses sont plus grandes que jamais. Le christianisme semble exercer un attrait particulier là où sévissent la pauvreté et l'injustice.

Paix et justice

La vie et l'enseignement de Jésus sont source d'inspiration pour des millions de gens soucieux de faire leur possible pour promouvoir la paix et la justice. Il existe de nombreuses institutions chrétiennes qui s'engagent à soulager la pauvreté, à secourir les personnes dans les zones sinistrées et à lutter contre les oppresseurs aux côtés de ceux qui sont opprimés. De nombreux chrétiens sont actifs dans des institutions

Jésus accueillait les enfants en expliquant qu'ils appartenaient au Royaume de Dieu. Cette fillette lui adresse une prière.

La mort de Jésus sur la croix est au centre de la foi chrétienne. À l'église de Mélanésie à Tagabe, dans la banlieue de Port Vila, Vanuatu, une croix symbolique est portée en procession lors d'un rassemblement. Ce type de cérémonie a lieu dans de nombreuses églises à travers le monde.

laïques qui partagent les mêmes objectifs. Les chrétiens – qui croient en Jésus Christ ressuscité après avoir été exécuté comme un criminel – ont confiance en Dieu pour vaincre toute manifestation du mal ou de destruction,
et accéder à la vie éternelle.

Foi et louange

À travers le monde, les chrétiens se réunissent pour apprendre, pour louer Dieu et pour prier ensemble. Parfois ils se réunissent dans de somptueuses cathédrales, et parfois au milieu de tas d'ordures dans un bidonville. Qu'importe le lieu, ils apprennent dans l'enseignement de Jésus qu'ils ne doivent pas se préoccuper des biens matériels, mais de tout ce qui conduit à la vie éternelle dans le Royaume de Dieu.

Être témoin de Jésus

Les chrétiens prennent très au sérieux les dernières paroles de Jésus à ses disciples. Ils ont de l'enthousiasme pour leur foi et désirent la partager avec d'autres, aussi bien par des mots que par des actes. Ils parlent souvent des effets de leur foi : un sentiment de paix intérieure, un but dans leur vie, et l'espérance d'une vie éternelle.

Jésus se décrivait comme la « lumière du monde ». À la célébration de Pâques dans l'église de l'Annonciation à Tirana en Albanie, des enfants tiennent des bougies en souvenir de l'espérance que la foi leur inspire.

Les chrétiens affirment souvent que leur foi leur apporte de la joie. Leur louange est souvent centrée sur des chants joyeux, comme ceux de cette chorale de la cathédrale de la Trinité à Addis Ababa, en Éthiopie.

La Sainte Liturgie dans un monastère orthodoxe de femmes, près de Moscou, en Russie. La liturgie orthodoxe accentue le mystère de la foi et la sainteté de Dieu.

Un monde, plusieurs religions

Dans les Évangiles, Jésus déclare que lui seul est le chemin vers Dieu et les chrétiens affirment que leur foi est unique. Cependant, dans le monde d'aujourd'hui, où les moyens de communication et de transport réunissent des gens de cultures différentes, il y a un respect et une compréhension mutuelle entre les personnes de religion différente.

Le christianisme est enraciné dans la foi juive. Jésus lui-même était juif et avait, comme les chrétiens aujourd'hui, la plus grande estime pour les Écritures de son peuple. Le plus grand prophète de l'Islam, Mohammed, a enseigné dans un contexte imprégné d'influences juive et chrétienne. En effet, Jésus lui-même est considéré comme un prophète dans l'Islam ; les musulmans le connaissent sous le nom d'Isa.

Les principales religions d'Orient – l'hindouisme,
le bouddhisme et le sikhisme – ont toutes quelques points communs avec le christianisme. Toutes partagent un engagement à vivre une vie de pureté,
de bonté et de justice.

Index

A

Abraham 10,22
Actes des Apôtres 8, 107, 109, 111, 114
Adultère 64
Aïnôn 19
Afrique 9
Agriculture 16, 37, 39, 54-55, 56
André 34, 35, 36, 37
Anges 18, 22, 24, 26-27, 28, 31, 85, 102, 103, 110, 111, 113, 117
Animal 13, 16, 17, 26, 31, 37, 72, 76-77, 78-79, 80, 113, 117
Annonciation 24
Apocalypse 116,
Apôtres 107, 110
Arche d'Alliance 13, 15
Argent 36, 44, 48, 56, 67, 70-71, 72, 81, 82, 94, 95, 111
Armée 83, 84
 Assyrienne 11
 Babylonienne 11, 12
Ascension 107
Astronome 22
Autel 13, 99
Avent 19

B

Babylone 11
Baptême 19, 20, 22, 106, 109, 112
Barabbas 94
Barnabé 114
Bartholomé 37
Béthanie 50, 107
Bethléem 17, 22, 26, 27
Bible 39, 119
 Nouveau Testament 79, 113, 115
 Ancien Testament 47, 56, 66, 67, 78, 104, 109, 111

C

Caïphe 93
Calendrier occidental 7
Calvaire 96-97
Cana 38
Chandelier/Menora 15
Carême 31
Césarée 95, 112
Chantage 82, 102
Charpentier 30, 33
Chemin de Croix 97
Chi-Rho (XP) 118
Christianisme 6, 7, 110, 111, 115, 116, 118, 119, 120, 121
Collecteur d'impôts 36, 62-63, 70-71
Colombe 19, 20
Commandements 67
Confession 33, 61
Constantinople 118
Corneille 113
Couronne d'épines 95-96, 101
Croix 31, 64, 96-97, 98, 101, 120
Crucifix 99
Crucifixion 96-97, 113
Cuisine 45, 48, 53, 105
Culte 10, 13, 14, 31, 41, 69, 107, 117, 120-121

D

Damas 114
David, le roi 10, 11, 16-17, 22, 24, 26, 83, 117
Dédicace 28
Deutéronome 56
Diable 31, 55
Diacre 110
Dieu 10-11, 20, 40-41, 47, 52, 56, 59, 60-61, 62-63, 64-65, 68, 72, 77, 81, 83, 84, 86, 89, 98, 99, 102, 110, 111, 113, 119
Dimanche des Rameaux79, 101
Disciples 34-37, 40, 46-47, 74, 78, 86-87, 90, 104-105, 107, 108

E

Eau 38-39, 46-47, 48, 68, 95, 106
Église du Saint-Sépulcre9, 101
Église 75, 79, 89, 97, 99, 103, 16-107, 108, 109, 110, 111, 115, 117, 119, 120-121
 anabaptiste 57, 89
 anglicane 89
 baptiste 119
 orthodoxe orientale 23, 27, 118
 pentecôtiste 108, 119

presbytérienne 119
protestante 119
catholique romaine 25, 117, 117-118
orthodoxe russe 9
Égypte 10, 13, 22, 86
Élie 75
Élisabeth 18, 24
Emmaüs 104
Empereurs 94, 96, 115, 120
Auguste César 7, 26, 36
Constantin 101, 118
Domitien 116
Néron 113
Tibère 36, 95
Titus 83
Empire romain 6, 7, 8, 9, 26, 49, 83, 94-95, 117, 118
Emprisonnement 21, 110
Enfants 29, 49, 53, 57, 106, 113, 120, 121
Garçons 15, 29, 30, 44, 48
Filles 48-49
Enfer 52
Ennemis 64, 86
Épiphanie 23
Étienne 111, 114
Évangile 8, 9, 10, 18, 30, 32, 92, 97, 99
selon Matthieu 8, 22, 31, 33, 36, 52, 54-55, 58, 60, 64, 65, 71, 74, 75, 78, 79, 80, 84-85, 106
selon Marc 8, 18-19, 30, 33, 34-35, 37, 38, 42, 43, 57, 58, 64, 78, 91, 94, 99
selon Luc 8, 24-25, 28, 30, 32, 36, 37, 38, 40, 41, 51, 53, 58, 60, 62-63, 71, 78, 87, 98, 99, 102, 106, 107, 114
selon Jean 9, 20-21, 35, 38, 43, 44-45, 50, 51, 68, 69, 76-77, 80, 88-89, 95, 99, 104, 105, 117

F

Femme 13, 15, 36, 45, 48, 50-51, 58, 68, 69, 81, 83, 97, 100, 102, 107, 114, 121
Fils prodigue 72-73
Fin des temps 84, 116
Flavius Josèphe 9
Funérailles 49, 51

G

Gabriel 24
Galilée 6, 7, 16-17, 32, 38, 45, 46, 102, 104-105
Gamaliel 110-111
Gentils 7, 112-113
Gethsémani 91
Golgotha 96-97
Guérison 34, 38, 40-41, 43, 48-49, 71, 91, 110, 119
Guerre 11, 41

H

Hérode Antipas 21
Hérode le Grand, roi 7, 12, 21, 22-23, 94
Hérodiade 21

I

Impôt 13, 26, 94
Impôt du Temple 80
Inde 9
Index
INRI 98
Iran 9
Isaïe 14, 32, 33, 112
Israël/Juif 6, 7, 10, 11, 12, 14, 41, 47, 67, 68, 83-84, 86, 92-93, 113

J

Jacob 10
Jacques 35-37, 57, 74-75, 91
Jaïre 48
« Je suis » 45, 76-77
Jean Baptiste 18, 19, 20-21, 24, 26, 35, 60, 74
Jean 35-37, 7, 74-75, 91, 99, 103, 105, 110, 112, 113, 116, 117
Jéricho 16, 70
Jérusalem 7, 9, 10-11, 12, 15, 17, 22, 28, 31, 62, 69, 70-71, 78, 80, 83, 86, 90, 96-97, 99, 101, 104-105, 107, 108-109, 110-111
Jésus
l'oint du Seigneur 6, 83
le Christ 6, 26, 35, 74, 79, 83, 92, 115
la Lumière du monde 19, 76, 116, 121
le Messie 6, 11, 18, 35, 51, 74, 79, 83, 98, 104, 109, 115
le Sauveur 24, 26,
le Fils de Dieu 18, 20, 51, 74, 92, 99
le Maître 37, 42, 52-53, 70, 74
sa Nativité 22-23, 24, 26, 27, 120
sa mort 7, 8, 9, 10, 83, 95, 99
ses miracles 34, 38-39, 40-43, 44-51, 71, 102
sa prière 36, 60, 89, 91, 99

Son enseignement à propos de :
la nouvelle naissance 43
les enfants 53, 57
la foi 42, 45, 46-47, 50, 106, 117
la famille 37, 62, 72-73, 99
le suivre 36-37, 45, 54-55, 58-59, 64-65, 76, 84-85, 88, 106
le pardon 61, 69, 72-73, 99, 106
lui-même 31, 45, 74, 76-77, 80, 92
la justice 56-57, 120
le Royaume des cieux 53, 54-55, 56-59, 61, 65, 71, 75, 95, 117
l'amour 62, 64, 67, 72-73, 85, 89
le péché 33, 73, 106
la richesse 58-59, 81
Jeûne 31
Joppé 113
Joseph d'Arimathie 100, 101
Joseph 51, 106-107
Jourdain 16-17, 19, 20
Judas Iscarioth 37, 82, 83, 86-87, 91, 95, 107
Jude (Thaddée) 37

L

Lac de Galilée 17, 46-47, 54, 105
Langue 49, 61, 18, 108, 119
Araméen 9, 49
Copte 9
Grec 6, 49, 118
Latin 9, 49, 61, 95, 98, 118
Syriaque 9
Lavement des pieds 88-89
Lazare 50-51, 77
Lépreux 40
Lévi 36
Théologie de la libération 33
Loi 28-29, 42-43, 63, 64, 66-67, 69, 76, 82, 86, 113
Lourdes 41
Luther, Martin 119

M

Mages 22-23
Magnificat 25
Maison du pain : *voir Bethléem*
Maisons 42, 58-59, 70-71, 72-73, 93, 110, 115
Mal 40, 47, 64, 117, 121
Mangeoire 27
Mariage 22, 25, 65
Marie Madeleine 36, 100, 102-103
Marie mère de Jacques 100, 102
Marie 18, 19, 22-23, 24-25, 26, 27, 28-29, 38, 51, 99, 100, 107, 113
Marthe 50-51
Martyr 111
Massada 15, 84
Matthias 106-107
Matthieu 36, 37
Mer de Tibériade : *voir Lac de Galilée*
Mer Méditerranée 6, 7, 16-17
Mer Morte 16, 17, 19, 84
Mercredi des Cendres 31
Meurtre 64, 81, 94
Miracles 33, 38-51, 82, 110-111, 113
Moïse 10, 12, 13, 14, 64, 67, 74-75, 76, 86, 93
Mont des Oliviers 16, 17, 87, 90
Mont Hermon 74
Mort 7, 8, 9, 21, 48-49, 50-51, 66, 69, 74-75, 77, 78, 84, 93, 95, 99, 111, 113, 117, 120
Musique 11, 26, 79, 121

N

Nathanaël 35
Nazareth 16, 23, 30, 32-33, 34
Nicodème 43, 100
Noé 20
Noël 19, 22-23, 24, 27, 65, 120
Nunc dimittis 28

O

Oint 6, 83

P

Pâque (la) 13, 28, 74, 80, 86-87, 94
Pâques 31, 79, 103, 121
Paraboles 36, 52, 54-55, 56, 59, 62-63, 65, 67, 69, 72-73, 81, 84-85
Paradis 27, 106-107, 117
Pardon 18, 19, 31, 33, 42, 43, 60-61, 64, 109
Pater Noster 61
Patmos 116
Paul (voir aussi Saul) 87, 12, 109, 115
Pauvres/exclus 7, 32, 41, 53, 83, 120
Péché 18-19, 33, 42, 52, 69, 109
Pêcheur 17, 34-35, 53, 105
Pentecôte 108-109, 113
Persécution 37, 110-113, 114, 116
Peshitta (*version syriaque de la Bible*) 9

Pharisiens 15, 36, 42-43, 50, 62-63, 64, 69, 72, 76
Philippe 35, 37, 112
Philippiens 63
Phylactères 63
Pierre : *voir Simon Pierre*
Pietà 100
Ponce Pilate 7, 9, 93-95, 98, 100
Prière du Seigneur 60
Prière 31, 36, 60-63, 83, 99, 107, 12-121
Psaumes 10, 11, 26, 47
Publicain : *voir collecteur d'impôt*

Q

Qumran 14

R

Repentance 73
Résurrection 51, 77, 78, 101, 102-103, 115, 121
Rêves (*voir aussi visions*) 22, 94
Rideau du Temple 15, 99
Rome 87, 113, 115, 118
Rosaire 25
Rouleaux de la Mer Morte 14

S

Sabbat 14-15, 43, 99
Sacrifices 13, 80
Saducéens 15
Saint
François 117
Nicolas 65
Saint Esprit 20, 31, 32, 37, 69, 89, 108-109, 112, 113, 119
Sainte Famille 23, 33, 37, 51, 120
Salomé 21, 102
Salomon, roi 10-11, 12, 22
Salut 28, 32, 71
Samarie 68
Samaritains 41, 67, 68, 112
Sanhédrin 15, 93
Saul (voir aussi Paul) 111, 112, 114-115
Saül, roi 10, 83
Semaine Sainte 101
Shema 29
Shofar 81
Siméon 28
Simon de Cyrène 97
Simon le Zélote 37
Simon le Pharisien 69
Simon Pierre 34-36, 37, 47, 74-75, 87, 88-89, 91, 103, 105, 106-107, 109, 110, 112-113
Slaves 10, 56, 86
Soldats (*voir aussi Armée*) 6, 71, 83, 91, 95, 96-97, 98, 102
Suzanne 36, 58
Sychar 68
Symbole des Apôtres 119
Synagogue 14-15, 32, 33, 43, 114

T

Tabernacle 12
Tabitha 113
Temple 10-11, 12-13, 14-15, 18, 28, 30, 31, 62, 68, 69, 80-81, 82, 83, 99, 107, 110
Tentation 30-31
Thadée : *voir Jude*
Thessaloniciens 116
Thessalonique 116
Thomas 37, 104
Tombeau du Jardin 101
Torah 10
Tour de garde 36, 81
Transfiguration 74-75

V

Vêtements 18-19, 27, 57, 59, 63, 96-97
Vie éternelle 43, 45, 52, 58, 66-67, 121
Vieux slavon 9
Vin
Violence 21, 22, 43, 68, 81, 84, 95
Visions 113, 116-117, 118
Visitation 24
Vulgate 9

Z

Zachée 70-71
Zacharie 18, 24
Zébédée 35

Les principaux événements de la vie de Jésus

	Matthieu	Marc	Luc	Jean
L'annonce de la naissance de Jean Baptiste			1,5-23	
L'annonce de la naissance de Jésus	1,18-24		1,26-38	
La Visitation			1,39-56	
La naissance de Jean Baptiste			1,57-79	
La Nativité	1,25		2,1-39	
La visite des bergers			2,8-20	
La visite des mages	2,1-12			
La fuite en Égypte et le retour à Nazareth	2,13-13			
Le recouvrement de Jésus au Temple			2,41-50	
La prédication de Jean Baptiste	3,1-12	1,1-8	3,1-18	1,19-28
Le baptême de Jésus	3,13-17	1,9-11	3,21-22	1,29-34
La tentation au désert	4,1-11	1,12-13	4,1-13	
L'entrevue avec Nicodème				3,1-21
Jésus et la Samaritaine				4,1-42
Jésus est rejeté de Nazareth			4,16-30	
L'appel des quatre premiers disciples (Pierre, André, Jacques et Jean)	4,18-22	1,16-20	5,1-11	
L'appel de Lévi (Matthieu)	9,9-13	2,13-17	5,27-32	
Le choix des Douze apôtres	10,2-4	3,13-19	6,12-16	
Le Sermon sur la montagne	5,1-7,28		6,20-49	
La mort de Jean Baptiste	14,1-12	6,14-29	9,7-9	
La profession de foi de Pierre	16,13-20	8,27-30	9,18-21	
Jésus annonce sa Passion	16,21-28	8,31—9,1	9,22-27	
La Transfiguration	17,1-13	9,2-8	9,28-36	
Jésus chez Marthe et Marie			10,38-42	
Zachée			19,1-10	
La résurrection de Lazare				11,1-44
L'entrée messianique à Jérusalem (le dimanche des Rameaux)	21,1-11	11,1-11	19,28-40	12,12-16
La trahison de Judas	26,1-5.14-16	14,1-2.10-11	20,19;22,1-6	11,45-57
Le repas de la Pâque/La dernière Cène	26,17-29	14,12-25	22,7-20	13,1-20
Jésus à Gethsémani	26,36-46	14,32-42	22,39-46	
L'arrestation de Jésus	26,47-56	14,43-52	22,47-53	18,2-12
Le jugement de Jésus	26,57-27,1	14,53-15,1	22,54-71	18,13-24
Le reniement de Pierre	26,69-75	14,66-72	22,54-62	18,15-18.25-27
Jésus devant Pilate	27,2.11-30	15,1-15	23,2-7.13-25	18,28-19,15
Le crucifiement et la mise au tombeau	27,31-66	15,20-47	23,26-56	19,16-42
La Résurrection et les apparitions du Ressuscité	28,1-15	16,1-14	24,1-49	20,1-21,23
L'Ascension		16,19-20	24,50-53	

Les Paraboles de Jésus

Les paraboles mentionnées dans ce livre apparaissent en gras. Il n'y a pas de paraboles dans l'Évangile de Jean

	Matthieu	**Marc**	**Luc**
La lampe sous le boisseau	5,14-16	4,21-22	8,16 ;11,33
La maison construite sur le sable et la maison construite sur le roc	7,24-27		6,47-49
On ne rapièce pas un vêtement neuf avec un vieux tissu	9,16	2,21	5,36
À vin nouveau, outres neuves	9,17	2,22	5,37-38
La parabole du semeur	13,3-9.18-23	4,3-9.13-20	8,5-8.11-15
La parabole du grain de moutarde	13,31-32	4,30-32	13,18-19
La parabole de l'ivraie	13,24-30.36-43		
La parabole du levain	13,33		13,20-21
La parabole du trésor	13,44		
La parabole de la perle	13,45-46		
La parabole du filet	13,47-50		
La brebis égarée	18,12-14		15,4-7
La parabole du débiteur impitoyable	18,23-35		
La parabole des ouvriers envoyés à la vigne	20,1-16		
La parabole des deux fils	21,28-32		
La parabole des vignerons homicides	21,33-44	12,1-12	20,9-16
La parabole du festin des noces	22,2-14		14,16-24
La parabole du figuier	24,32-33	13,28-32	21,29-33
La parabole des dix vierges	25,1-13		
La parabole des talents (Matthieu) ou des mines (Luc)	25,14-30		19,12-27
Le Jugement dernier	25,31-46		
La parabole du grain qui pousse tout seul		4,26-29	
Le créancier et ses deux débiteurs			7,41-50
La parabole du bon Samaritain			10,30-37
L'ami importun			11,5-8
Le riche fou			12,16-21
Les serviteurs en train de veiller			12,35-40
Le serviteur fidèle			12,42-48
La parabole du figuier stérile			13,6-9
Sur le choix des places et des invités			14,7-14
Sur les invités qui se dérobent			14,16-24
Renoncer à tous ses biens			14,28-36
La drachme perdue			15,8-10
L'enfant prodigue			15,11-32
L'intendant fidèle			16,1-8
Le mauvais riche et le pauvre Lazare			16,19-31
Servir avec humilité			17,7-10
Le juge inique et la veuve importune			18,1-8
Le Pharisien et le publicain			18,9-14

Les Miracles de Jésus

	Matthieu	Marc	Luc	Jean
Il guérit				
un lépreux	8,2-4	1,40-44	5,12-14	
le serviteur d'un centurion	8,5-13		7,1-10	
la belle-mère de Pierre	8,14-15	1,30-31	4,38-39	
un possédé	8,28-34	5,1-15	8,27-35	
un paralytique	9,2-7	2,3-12	5,18-25	
une hémorroïsse	9,20-22	5,25-34	8,43-48	
deux aveugles	9,27-31			
un « démoniaque » muet	9,32-33			
un homme à la main paralysée	12,10-13	3,1-5	6,6-10	
un « démoniaque » aveugle et muet	12,22			
la fille d'une Cananéenne	15,21-28	7,24-30		
un épileptique	17,14-18	9,17-29	9,38-43	
Bartimée et de deux autres aveugles	20,29-34	10,46-52	18,35-43	
un sourd-bègue		7,31-37		
un possédé		1,23-26	4,33-35	
un aveugle à Bethsaïde		8,22-26		
une femme courbée			13,11-13	
un hydropique			14,1-4	
dix lépreux			17,11-19	
le serviteur du grand prêtre			22,50-51	
le fils d'un officier à Capharnaüm				4,46-53
un infirme à la piscine de Bethesda				5,1-9
un aveugle de naissance				9,1-7
Il maîtrise les forces de la nature				
La tempête apaisée	8,23-27	4,37-41	8,22-25	
La marche sur les eaux	14,25-31	6,48-51		6,19-21
La première multiplication des pains (il nourrit environ 5000 personnes)	14,15-21	6,35-44	9,12-17	6,5-13
La seconde multiplication des pains (il nourrit environ 4000 personnes)	15,32-38	8,1-9		
La redevance du Temple acquittée par Jésus	17,24-27			
Le figuier stérile	21,18-22	11,12-14.20-26		
La pêche miraculeuse			5,1-11	
L'eau changée en vin				2,1-11
Une autre pêche miraculeuse				21,1-11
Il redonne la vie à des morts				
à la fille de Jaïre	9,18-19.23-25	5,22-24.38-43	8,41-42.49-56	
au fils de la veuve de Naïn			7,11-15	
à Lazare				11,1-44